作る、贈るをたのしむ

とっておきお菓子

築山はつみ

主婦の友社

はじめに

はじめまして、築山はつみです。
3人の子どもと夫と暮らしながら、YouTubeやInstagram、cottaさんのサイトで、
お菓子のレシピを紹介しています。

私がお菓子作りをはじめたのは15年ほど前。
食べることが大好きだった長女に、
「手作りのおやつを食べさせたい！」と思ったことがきっかけでした。
それまで型抜きのクッキーや混ぜるだけのチーズケーキは作ったことがあったものの、
スポンジ生地はもちろん、デコレーションもはじめて。
今思えば一念発起のスタートです。
独学ですから、当然失敗も山ほどしました。
そのたびに、何度もやり直して原因を探ったり、砂糖の役割を知りたくて化学の本を読んでみたり。
続けていくうちにたのしくなり、何より家族や友人が喜んでくれるのがうれしくて、
実験感覚でいろいろ試しながら、これだ！と思えるレシピを自分なりに追求してきました。

子どもたちの誕生日には、リクエストのケーキを作るのが恒例に。
「抹茶がいいな〜」「ほうじ茶で作れる？」「今年はシフォンがいいな」
「前方後円墳のケーキってできる？」とか……。
彼女たちのリクエストに応えていくうちに、私の腕はずいぶんと鍛えられました。

この本は、そんなレシピを集めた、私の15年間の集大成です。
お菓子作りを発信していく中で、少しずつレシピに挑戦してくださる方や
コメントをくださる方が増え、みなさんの声にたくさん励まされながら、
ここまで続けてくることができました。
おうちでとっておきのお菓子が作れるように、レシピには、
私がたくさんの失敗から発見した工夫を盛り込みましたので、
参考にしていただけたらうれしいです。

私と同じように、「喜んでもらえるお菓子をがんばって作りたいな」、という方を、
応援する一冊になったらとても幸せです。

築山はつみ

くり返し作って
たどり着いた
〝とっておきのお菓子〟を
紹介します

私にとって、〝誰かのために作るお菓子〟とは——
何度も何度も練習して、いざ本番へ。
お気に入りのエプロンにアイロンをかけて気合を入れ、
おいしく食べてもらいたいから、0.1g単位できっちり計量。
生クリームを絞るとき、緊張してちょっと手が震えて、
仕上げのフルーツは、息を止めて慎重に飾る。
でき上がると達成感でいっぱいになり、
喜ぶ笑顔にこちらまでうれしくなる……。
そんなお菓子作りのたのしさとうれしさが詰まったものです。

何度でも
作りたくなるおいしさ

第一に、おいしさにこだわり、材料の配合や作り方の工程はもちろん、混ぜる時間や回数、焼成温度など、レシピごとに細かく変えています。また、小さなお子さんも安心して食べられるシンプルな材料で作っているので、バターの香りや小麦の風味をしっかり感じられます。

また、1個に時間をかけられるのがおうちお菓子のいいところ。まずは、レシピのポイントを参考に作ってみてください。プロのパティシエのように手際よく作れなくても、計量などの下準備から省かずにていねいに行うと、「いつもよりおいしい!」が実感できると思います。

心はずむ見た目も
たのしんで

「かわいい!」と喜んでもらえる見た目にしたくて、クリームのナッペや絞り、ドリップ、トッピングなど、細部にまでこだわりました。「彩り」も大切にしていて、私のお菓子にハーブがちょこちょこ登場するのも彩りが欲しいから。グリーンがあるのとないのとでは映え感が違うので、ぜひ試してみてください! 多少の失敗も隠せたりしますよ。ナッツをのせるときに、緑色のピスタチオを追加したり、いちごだけのショートケーキには金箔を飾ったり。デコレーションしながら心が躍る瞬間をたのしんでください。

Contents

特別な日を彩る
ほめられケーキ

はじめに——3
くり返し作ってたどり着いた
"とっておきのお菓子"を紹介します——4
基本の道具——8
基本の型——10

いちごのデコレーションケーキ——12
 クリームの基本——18
 基本の泡立て方／絞り袋の使い方／絞り方
 （サントノーレ口金・バラ口金・星口金・
 モンブラン口金・丸口金・片目口金）
チョコレートのデコレーションケーキ——22
抹茶のデコレーションケーキ——23
 デコレーションアレンジ——26
フルーツタルト——28
アレンジ
柑橘タルト——29
モンブランタルト——34
ブルーベリータルト——35
シンプルロールケーキ——38
モンブランロール——39
 いちご／マロン
フルーツシフォンケーキ——44
コーヒーマーブルシフォン——48
紅茶のシフォンサンド——49

Halloween
かぼちゃのカップケーキ——52

Christmas
ブッシュドノエル——54

Valentine's Day
ガトーショコラ——56

2

ギフトに喜ばれる
自慢の焼き菓子

手作りクッキー缶 —— 60
　アイスボックスクッキー —— 62
　　プレーン・紅茶
　ダブルチョコレートのクッキー —— 63
　全粒粉のクッキー —— 64
　ガレットブルトンヌ —— 65
　いちごのスノーボール —— 66
　フロランタン —— 67
ウィークエンドシトロン —— 68
キャラメルパウンドケーキ —— 69
ほうじ茶と抹茶のフィナンシェ —— 72

レシピについて
●小さじ1＝5㎖、大さじ1＝15㎖です。●卵の重量の目安は、Mサイズ全卵50g（卵黄20g、卵白30g）、Lサイズ全卵60g（卵黄20g、卵白40g）です。分量に合わせて使い分けてください。●バターは食塩不使用のものを使用しています。●電子レンジの加熱時間は600Wを使用した場合の目安です。●オーブンの焼成温度、焼き時間は、ご家庭のオーブンに合わせて調節してください。●オーブンの予熱温度は、扉をあけるときに20～30℃下がることを想定し、高め（20℃高く）に設定しています。焼くときは焼成温度を設定し直してください。●保存期間は目安です。

3

定番にしたい
シンプルおやつ

ムースカップ
　ミルクムース —— 78
アレンジ
2層ムースバリエーション —— 79
　コーヒー／抹茶／いちご —— 81
おうちマフィン —— 82
　ブルーベリー・チョコチップ
おうちパンケーキ —— 83
なめらかカスタードプリン —— 86
アイスクリーム —— 88
　バニラ／キャラメル／いちご
おうちパフェ —— 90
　いちごのパフェ／チョコとマロンのキャラメルパフェ
あると便利なソース —— 93
　いちご／キウイ／キャラメル

Column
とっておきお菓子Q＆A① —— 21
シーンを盛り上げるデコアイテム 1 —— 58
はつみ流ラッピング術 —— 74
シーンを盛り上げるデコアイテム 2 —— 76
基本の材料 —— 94
とっておきお菓子Q＆A② —— 95

基本の道具

本書で使用している基本の道具はこちら。
使いやすさにこだわって選んでいます。

＊の商品はcottaの通販サイト（p.96参照）で購入できます。

◎混ぜる・はかる

1 ボウル…直径18cmと21cmを使い分け。底面が広く、高さのあるフォルムを選ぶと混ぜやすい。ガラス製は熱伝導が悪いので金属製がおすすめ。＊小嶋ルミ先生監修 cottaボウル18cm／21cm　**2 はかり**…少量の差が仕上がりの味や形を左右するので、0.1g単位ではかれるデジタルスケールを選ぶ。　**3 温度計**…卵や牛乳を温める、チョコレートを溶かす、保温するときなどに使用。＊cottaクッキング温度計（お知らせアラーム付き）　**4 ふるい**…生地の粉類をふるいにかけることでダマになりにくく、ほかの材料と混ぜやすくなる。＊HM裏ごし（小）15.5cm

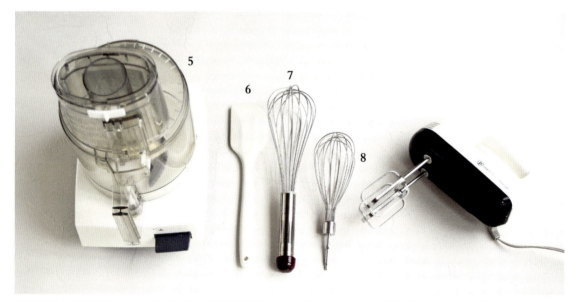

5 フードプロセッサー…タルトやクッキー生地を混ぜるときに活躍。ソースの撹拌にも。＊Cuisinart フードプロセッサー M DLC-102J　**6 ゴムべら**…熱に強いシリコン製で、柄と一体になったタイプがおすすめ。大小そろえておくと便利。＊TC ウィズ シリコンゴムヘラ（大）　**7 泡立て器**…生地やクリームをふんわり仕上げるときに欠かせない。小さいものも用意しておく。＊SA スーパー泡立 #9　**8 ハンドミキサー**…羽根が平らなものを生地用（右）、メレンゲ用のバルーンタイプのものを生クリーム用（左）にし、2タイプを使い分けるのがおすすめ。

◎成形・焼く

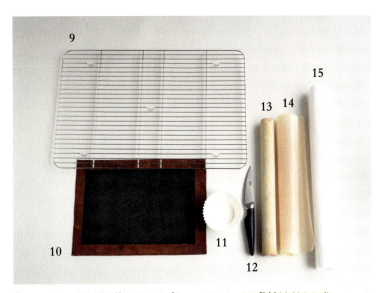

9 網（ケーキクーラー）…焼き上がったお菓子を冷ますときにあると便利。＊18-8角型ケーキクーラー足付 40×30cm **10 シルパン**…タルトやクッキーを焼くときに使用。タルトはシルパンにのせて焼けば、ピケ作業が省ける。＊cotta シルパン（300×400） **11 グラシンカップ**…マフィン型を使うときに型に入れて生地を流し込む。＊グラシンケース 白 8F（200枚入） **12 ナイフ**…生地や果物を切るときに。使いやすいものを用意する。**13 麺棒**…長さ30cm前後のものを用意。タルト生地やクッキー生地をのばすときに使用。**14 オーブンシート**…型や天板に敷いたりと出番が多いシート。くり返し使えるタイプを選ぶと、シワになりにくく作業がラク。型用の敷紙でもOK。＊cottaオリジナル くりかえし使えるオーブンシート（30×100cm） **15 敷紙（大判サイズ）**…ロールケーキ型など大きな型やカットしてパウンド型などに使用。＊パン用純白ロール 白 4切（394×545）

◎デコレーション

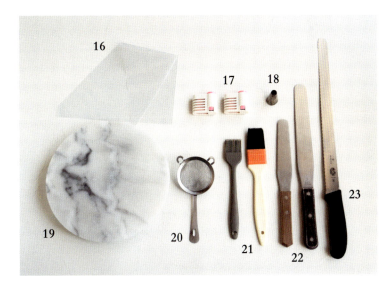

16 絞り袋…クリームを絞るときに使用。製菓道具店のほか100円ショップでも購入可。**17 スポンジカット補助具**…スポンジ生地をスライスするときに、ケーキナイフにつけて切ると厚みが均一に。＊スポンジカット補助具（2個セット） **18 口金**…口金によってデコレーションの雰囲気が変わるので、好みのタイプを見つけて（p.19参照）。**19 回転台**…デコレーションのナッペや絞り作業に活躍。＊cotta 大理石回転台 30cm **20 茶こし**…液体をこしたり仕上げに粉糖などをふるったりするときに。**21 刷毛**…ナパージュやアイシング、卵液を塗るときなどに。シリコンとナイロン毛を使い分け。＊グレーシリコン 刷毛、スーパークリーン刷毛ソフトナイロン毛 K-40（S） **22 パレットナイフ**…クリームを塗り広げるときに必須。ナッペではケーキのサイズに合わせて選ぶ。＊孝行ステンレスパレットナイフ No.6／No.9 **23 ケーキナイフ**…生地をスライス＆カットするときに。波刃の刃渡りが36cmほどあるものがおすすめ。

基本の型

本書で使用している型とシートの敷き方をご紹介。
＊の商品はcottaの通販サイト（p.96参照）で購入できます。

<u>1 パウンド型</u>…21×8×高さ6cmと20×5.5×高さ4.5cmのスリム型。＊ブリキパウンド型 中　<u>2 マフィン型</u>…直径5.5×高さ3.2cmを6個。＊cotta 垂直マフィン型 中（6個取）　<u>3 シフォン型</u>…直径12cmと直径18cm。<u>4 ロールケーキ型</u>…35×22×高さ2cm。＊cotta vivianさん監修 長方形ロールケーキ天板 大　<u>5 タルト型</u>…直径18×高さ2.5cmの底取れタイプ。＊ストロングコート タルト型底取 18cm　<u>6 丸型</u>…直径15×高さ6cmの共底タイプ。＊ブリキデコ 共底型 15cm

<u>7 スクエア型</u>…18×18×高さ4cm。<u>8 プレッツェル抜き型</u>…6.3×4cm。＊バネ式18-8 クッキーカッター（プレッツェル）　<u>9 スリムオーバル型（フィナンシェ）</u>…8×7×高さ1.6cmを12個。<u>10 タルトリング</u>…直径6×高さ1.6cmを4個。<u>11 セルクル</u>…直径5.5×高さ5cmを10～12個。＊18-0セルクルリング丸型 55径×H50mm　<u>12 プリン型</u>…100mlを7個。＊18-8プリンカップ No.3（口径5.7×底径4×高さ5.4cm）

◎シートの敷き方

A パウンド型・スクエア型
型の底面と側面に合わせて敷紙をカットし、折り目をつけて四隅に切り込みを入れて敷く。パウンド型は側面が1cmほど高くなるようにする。

B シフォン型
敷紙を中心の筒より長めにカットし、筒に巻きつけて余った部分を筒の中に折り込む。

C 丸型
右：敷紙を底面は同サイズの円形、側面は重なる部分を1～2cm長くとった長方形にカットして入れる（丸型用の敷紙でもOK）。左：ガトーショコラ（p.56）は側面を4～5cm高くなるようにカットする。くり返し使えるタイプがおすすめ。

D ロールケーキ型
型の底面と側面に合わせて敷紙をカットし、折り目をつけて四隅に切り込みを入れて敷く。

1

特別な日を彩る
ほめられケーキ

大切な日やみんなが集まるイベント、サプライズに。
華やかなケーキで記憶に残る幸せなシーンを演出しましょう。
デコレーションケーキやタルト、ロールケーキ、シフォンケーキなど、
贈る人のこと、みんなの笑顔を思い浮かべながら、
デコレーションをたのしんでもらいたいラインアップです。
テーブルの真ん中においた瞬間に、歓声が上がること間違いなし！
作る人も食べる人も幸せな気持ちになります。

いちごのデコレーションケーキ

さまざまなシーンを華やかに彩る
いちごと生クリームの定番ケーキ。
ここで紹介するのは、初心者でも
チャレンジしやすいレシピです。
スポンジ生地からデコレーションまで、
基本の技が詰まっているので
くり返し作ってみてください。

いちごのデコレーションケーキ

【材料 直径15cmの共底丸型1台分】

〈スポンジ生地〉
全卵（ほぐす）…… 110g
細目グラニュー糖 …… 65g
薄力粉 …… 60g
A｜牛乳 …… 25g
　｜バター …… 15g

〈ナッペクリーム〉
生クリーム（乳脂肪分40〜43%）…… 300g
細目グラニュー糖 …… 18g

〈絞りクリーム〉
生クリーム（乳脂肪分40〜43%）…… 150g
細目グラニュー糖 …… 10g

〈仕上げ〉
いちご …… 小約30個
好みのハーブ（ミント、タイム）…… 各適量

＊直径18cmの型を使う場合は、スポンジ生地の分量を1.5倍にし、ナッペクリームの生クリームを400g、細目グラニュー糖を24g、仕上げのいちごを小35個用意する。

【下準備】
・型にオーブンシートを敷く（p.10のC参照）。
・Aは合わせて湯煎にかけ、40〜50℃に温めておく。
・いちごはヘタを取り、
　縦半分（大きい場合は3〜4等分）に切る。
・オーブンに天板を入れ、
　焼成温度より高い190℃に予熱する。
　＊18cmの型の場合は200℃にする。

スポンジ生地を作る

【作り方】

❶ ボウルに卵とグラニュー糖を入れてさっと混ぜる。

❷ 湯煎にかけ、泡立て器で混ぜながら人肌程度に温める。

❸ 湯煎から下ろし、ハンドミキサーの高速で4分ほどしっかり泡立てる。大きく円を描くように、ときどきボウルを回しながら行う。
◎全体がふんわり白っぽくなり、羽根を持ち上げたときにゆっくりと流れ落ち、筋が残るくらいまで。

4 低速にして大きな気泡を消し、生地のキメを整えるように静かに泡立てる。

◎生地全体がなめらかになり、羽根をゆっくり持ち上げたときに、角の先が垂れるくらいまで。

5 薄力粉をふるい入れる。

6 ゴムべらで粉けがなくなるまでしっかり混ぜる。

◎ボウルの底から大きくすくい上げ、へらを返して生地を落とし、そのつどボウルを回す。

7 準備したAをゴムべらに当てるようにして全体に流し入れ、ゴムべらで同様に混ぜる。

◎ムラがなくなり、生地全体にツヤが出てきたらOK。**6**〜**7**でリズムよく100回くらい混ぜると、スポンジの気泡を持ち上げる力がつき、ふっくら焼き上がる。

8 準備した型に生地を流し入れ、台に型を2〜3回打ちつけて大きな気泡を抜く。

9 170℃のオーブンで25〜30分焼き、型を台の上に落として蒸気を抜く。

◎18cmの型の場合は温度を180℃にする。

10 網の上に逆さにして型をはずす。逆さのまま完全に冷ましてオーブンシートをはがす。

◎翌日に使う場合は、ラップでぴっちり包んで密封袋に入れ、冷蔵室で保存する。

特別な日を彩る ほめられケーキ

デコレーションする

ナッペとは…ケーキにクリームを塗ること。主に下塗りと本塗りを行う。

【作り方】

⓫ ❿を上面を上にし、ケーキナイフで厚みを3等分にスライスする。
◎スポンジカット補助具を12mmの厚みでナイフにセットし、下から順にスライスする。最後に上面の焼き色がついている部分を薄く切り落とす（残してもOK）。

⓬ ナッペクリームをp.18の❶〜❷の手順で泡立て、ボウルの手前部分を泡立て器で9分立てにする。
◎使う分をそのつど泡立てると最後までボソボソにならない。

⓭ 底部分のスポンジ生地を回転台の中心にのせ、クリームを泡立て器でふたすくいのせてパレットナイフで均一に広げる。
◎パレットナイフの先10cmほどをクリームに当て、ナイフは動かさないように回転台を回しながら行うとよい。縁からはみ出してOK。

⓮ いちごをトッピング分7〜8個分をとりおき、半量を並べる。
◎中心に置くとカットしにくくなるので、中心はあける。

⓯ 再度クリームの手前を泡立て直し、いちごの上に泡立て器でふたすくいのせる。パレットナイフでいちごのすき間を埋めるように広げる。

⓰ 上にスポンジ生地を1枚重ね、手で均一に押さえる。
◎横からクリームがはみ出る程度にしっかり押さえる。生地の中心を合わせるときれいに仕上がる。

⓱ ⓭〜⓰をくり返し、パレットナイフを生地の側面に当て、台を回しながらはみ出したクリームをならす。

⑱ 再びクリームの手前を8分立て（p.18参照）に泡立て直し、下塗りをする。a：上面にクリームを泡立て器でふたすくいのせ、台を回しながらパレットナイフでクリームを側面に落とすイメージで広げてならす。b：側面にはみ出したクリームを⑰と同様に塗り広げてならし、側面を薄く覆う。c：上面の角を整える。パレットナイフを水平に持ち、ケーキの奥から中央に向かってスッと動かし、角を出す。
◎台を回しながら、ナイフの先10cmをクリームに当て、ほんの少し手前を浮かせて奥側を使うイメージで行うとスムーズ。

⑲ ケーキの裾にパレットナイフを少し差し込み、台を回しながら裾のはみ出したクリームを取り除く。

⑳ 本塗りをする。クリームを7分立て（p.18参照）に泡立て直し、泡立て器で3すくいのせる。⑱〜⑲の下塗りと同様に塗り、ムラなく均一に整える。
◎クリームは下塗りよりやわらかくすると塗りやすい。

㉑ 絞りクリームをp.18の❶と同様に泡立て、泡立て器で全体を8分立て（p.18参照）にする。サントノーレ口金#25をつけた絞り袋に入れ、⑳の縁から内側へひし形に絞る（p.19の1参照）。
◎すき間をあけないように角度と幅をそろえるときれいに仕上がる。

㉒ 残りのいちごをのせて、ハーブを飾る。
◎いちごは切り口をずらして重ね、絞ったクリームの内側に並べる。

特別な日を彩る ほめられケーキ　17

クリームの基本

サンドやナッペ、デコレーションなど、使用頻度の高いクリーム。ここでは、基本の泡立て方、絞り袋の使い方、絞り方をご紹介。

基本の泡立て方

◎6分立て

1 ボウルに生クリームとグラニュー糖を入れ、氷水に当てながらハンドミキサーの低速でゆるめの6分立てに泡立てる。
◎グラニュー糖を使わない場合も同じ。6分立ては羽根を持ち上げるとトロッと流れ落ち、跡がすぐに消えるくらいのかたさ。ムースや生地に混ぜるときに。
◎かたく絞った濡れぶきんを敷くと作業しやすい。
ガラスのボウルは冷えにくいので、金属製のボウルを使う。

2 用途に合わせ、ボウルの手前の1/3を泡立て器で泡立てる。
◎何度も泡立て直すとクリームがボソボソになっていくので、使う部分だけそのつど泡立て直す。泡立て器を使うことで、微調整しやすくなり泡立ちすぎを防ぐ。

◎7分立て

羽根を持ち上げると角が立ち、先端が少しお辞儀するくらいのかたさ。ナッペの本塗りやフィリング、トッピング用に。

◎8分立て

羽根を持ち上げると角がふんわりとのびやかに立つかたさ。ナッペの下塗りやデコレーションの絞り用に。

◎9分立て

羽根を持ち上げると角が先端までピンと立つかたさ。デコレーションのサンド、ロールケーキのホイップクリーム用に。

絞り袋の使い方

a：絞り袋の先端をはさみで切り、口金を入れてセットする。*b*：グラスなどに先端から入れて袋の口を折り返し、クリームを入れる。カードなどでクリームを口金側に寄せ、袋の口をねじって持つ。試しに1〜2度絞り出し、かたさがちょうどよいか確認してケーキに絞る。やわらかすぎる場合はボウルに戻して泡立て直す。口金により絞りやすいかたさが異なるので調整を。

絞り方

サントノーレ口金
おしゃれで美しい曲線を、立体的に描ける口金。

1 ひし形 絞り口のV字の切れ目を上にし、絞りはじめは動かさずに強めに絞り、斜め手前に力を抜いてスッと引く。　**2 U字形** 絞り口のV字の切れ目を上にし、回転台を回しながら手首を左右に動かして曲線を描くように絞る。

バラ口金
花びらやウエーブ、フリルなどの曲線がきれいに描ける。

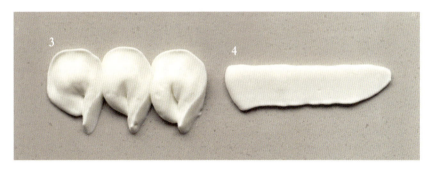

3 花びら形 絞り口の細いほうが絞りの外側になるように持ち、口金を寝かせて小さな円を描くようにくるんと絞り出す。　**4 直線** 絞り口の細いほうを下にして口金を寝かし、均一にまっすぐ絞り出す。

星口金
切り込みが入ったデコレーションの定番口金。

5 重ねシェル形 6・7の応用。下から上へ斜めに絞ったあと、少しずらして上から下へ斜めに絞り出す。　**6 斜めシェル形** 7の応用。上から下へ斜めに絞り出す。
7 基本のシェル形 やや内側から外側へ力を入れて絞り出し、力を抜いて横にスッと引く。

モンブラン口金

モンブラン用の口金。細い糸状のクリームを絞るときに。

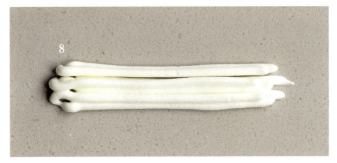

8 線模様 同じ力で均一に絞り出す。そのまま左右に動かしてモンブランの模様を描く。

丸口金

丸い模様を描けるシンプルな形状。絞りやすい定番の口金。

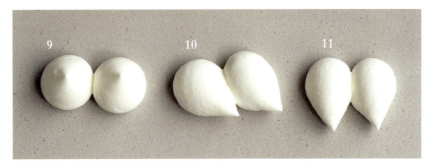

9 ドット形 口金を垂直にのせて動かさずに絞り出し、最後に真上にスッと引き上げる。 **10 斜めしずく形** 絞りはじめは動かさずに強めに絞り、斜め手前に力を抜いてスッと引く。 **11 しずく形** 10と同じ要領で、奥から手前にスッと引く。

片目口金

片面にギザギザの切り込みが入った平たい口金。

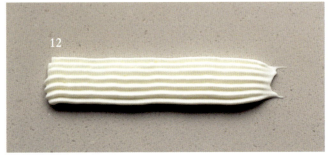

12 直線 ギザギザの面を上にして口金を30度くらい倒し、均一にまっすぐ絞り出す。

とっておきお菓子 Q&A ①

Q. スポンジ生地がボソボソする、かたくなる原因は？

A. まず卵をしっかり泡立てているか、薄力粉を入れたあとにツヤが出るまでしっかり混ぜているかを意識しながら再度作ってみてください。それで解決しなければ、オーブンの温度調整を。焼成温度が高すぎると生地がボソボソになり、反対に温度が低いと膨らみが悪くなり、また焼成時間が長いと焼き縮んでしまいます。レシピと同じ温度で焼いても、オーブンによって焼き上がりが変わるので、オーブン庫内温度計で確認するのがおすすめです。

Q. ナッペしたケーキをお皿に移す方法は？

A. パレットナイフを2本使います。回転台とケーキの間にナイフを平行に差し込み、ゆっくりと持ち上げてお皿にのせます。最後にナイフを1本ずつゆっくり抜いてください。デコレーションする前にお皿に移し、皿ごと回転台にのせて仕上げると崩れにくいです。

Q. 表記の乳脂肪分の生クリームがない場合は？

A. 本書では、乳脂肪分40〜43%のものを多くのレシピで使用していますが、当てはまるものが手に入らない場合は、乳脂肪分の異なる生クリームか、乳脂肪分3.6%の牛乳を混ぜて調節できるので下記を参考にお試しください。

乳脂肪分47%と45%の生クリームを
乳脂肪分43%（100g分）にする配合

生クリーム 47%	90g + 牛乳 3.6%　10g
	65g + 生クリーム 35%　35g
生クリーム 45%	95g + 牛乳 3.6%　5g
	78g + 生クリーム 36%　22g

Q. ナッペをきれいに仕上げるコツは？

A. まず、回転台の真ん中にケーキをおいているかチェック。中心がズレていると一方が分厚くなり、もう一方が削れたりするので注意。次にクリームを塗る際は、パレットナイフの使い方を意識して。刃の全面をクリームにつけると動かしにくいので、進行方向側を少し浮かして（手前に動かす場合は、手前側の刃を浮かして奥側を使う）塗ると、きれいに仕上がります。ナッペ中はクリームを氷水に当ててしっかり冷やすこと（途中で氷が溶けたら追加する）も大事。はじめのうちは、厚く塗りがちなのでクリームを多めに用意しておくと安心です。コツをつかむまでは、練習あるのみ！

夏場など室温が高いときは……

クリームがダレやすいので、下塗り、本塗り、絞り用のクリームをそれぞれ別に用意するのがおすすめ（p.14の場合＝下塗り用は生クリーム200g＋グラニュー糖12g、本塗り用は生クリーム100g＋グラニュー糖6g、絞り用はp.14に記載）。また、下塗り後にケーキを冷蔵室で1〜2時間冷やしてから本塗りをするとピシッと仕上がります。

チョコレートの
デコレーションケーキ

ココアのスポンジ生地6枚にチョコクリームをはさみ、
全体をクリームでナッペしてドリップ液をたら〜り。
なめらかな食感でリッチな味わいです。
チョコレートの口溶けのよさが際立つように
中にはフルーツをはさまずに仕上げました。

作り方 —

P.24

抹茶のデコレーションケーキ

チョコのデコレーションを抹茶でアレンジ。
グリーンと白のバランスを考えた
愛らしい色合いが気に入っています。

作り方 P.25

チョコレートのデコレーションケーキ

【材料　直径15cmの共底丸型1台分】

〈スポンジ生地〉
全卵(ほぐす) …… 110g
細目グラニュー糖 …… 65g
薄力粉 …… 57g
ココアパウダー …… 5g
A│牛乳 …… 25g
　│バター …… 10g

〈チョコクリーム〉
B│製菓用スイートチョコレート …… 90g
　│牛乳 …… 60g
生クリーム(乳脂肪分40〜43%) …… 300g

〈ドリップ液〉
C│製菓用スイートチョコレート …… 35g
　│牛乳 …… 22g

〈仕上げ〉
いちご …… 小約10個
ラズベリー …… 5個
好みのハーブ(ミント、タイム) …… 適量

【下準備】
・型にオーブンシートを敷く (p.10のC参照)。
・Aは合わせて湯煎にかけ、40〜50℃に温めておく。
・いちごはヘタを取り、縦半分に切る。
・オーブンに天板を入れ、焼成温度より高い190℃に予熱する。

【作り方】

1　スポンジ生地を作る。p.14の作り方❶〜❿と同様にし、❺でココアパウダーと薄力粉を一緒にふるい入れる。
　●ココアパウダーが気泡をつぶすので絶対にまぜすぎないこと。全体が混ざればOK。

2　デコレーションする。1をケーキナイフで厚みを6等分(1枚6mm厚さ)にスライスし、上面を薄く切り落とす。
　●p.16の⓫と同様にスポンジカット補助具を使用する。

3　チョコクリームを作る。ボウルにBを入れて湯煎で溶かし、ゴムべらでゆっくりと混ぜながら人肌程度まで冷ます。
　●チョコレートが完全に溶けたのを確認してから混ぜる。

4　別のボウルに生クリームを入れ、3を3回に分けて加え、そのつどハンドミキサーの低速でよく混ぜる。
　●ここで氷水に当てるとつぶつぶが残ってしまうので、冷やさずに混ぜる。

5　チョコレートがしっかり混ざったら氷水に当て、p.18の❶〜❷の手順で泡立て、ボウルの手前部分を泡立て器で8分立て(p.18参照)にする。
　●ダレたりボソボソになったりしないように、ここからしっかり冷やす。

6　p.16の⓭と⓰と同様に、スポンジ生地にチョコクリームを塗り、上にスポンジ生地を1枚重ね、手で均一に押さえる。あと4回くり返し(a)、p.16の⓱と同様に、側面のはみ出したクリームをならす。

7　p.17の⓲〜⓴と同様に下塗りと本塗りをする(b)。

8　ドリップ液を作る。ボウルにCを入れて湯煎で溶かし、ゴムべらでゆっくりと混ぜながら、22〜24℃まで冷ます。
　●とろりとした状態にする。室温が高い場合は冷水に当てながら冷まし、ドリップ液を作っている間に7のケーキを冷蔵室で冷やしておくとよい。

9　7の中心に8をかけ(c)、回転台を回しながらパレットナイフで表面をならす(d)。回転台ごと冷蔵室に入れて冷やす。
　●ドリップ液をゆっくり側面に落としていくイメージで仕上げる。垂れにくい場合はナイフで触りすぎず、台を速く回して遠心力で垂らす。

10　7の残りのチョコクリームを8分立て(p.18参照)に泡立て直す。星口金8切#6をつけた絞り袋に入れ、9の縁に重ねシェル形に絞る(e／p.19の5参照)。

11　準備したいちご(f)、ラズベリーをのせてハーブを飾る。
　●いちごは切り口をずらして重ね、絞ったクリームの内側に並べる。

a　　b　　c　　d　　e　　f

抹茶のデコレーションケーキ

【材料 直径15cmの共底丸型1台分】

〈スポンジ生地〉
全卵(ほぐす)……110g
細目グラニュー糖……65g
薄力粉……57g
抹茶パウダー……3g
A │ 牛乳……25g
　│ バター……15g

〈抹茶クリーム〉
B │ 抹茶パウダー……3.5g
　│ 牛乳……30g
生クリーム(乳脂肪分40〜43%)……300g
細目グラニュー糖……18g

〈ドリップ液〉
C │ 製菓用ホワイトチョコレート……35g
　│ 牛乳……13g
　│ 抹茶パウダー……0.5g

〈絞りクリーム〉
生クリーム(乳脂肪分40〜43%)……80g
細目グラニュー糖……5g

〈仕上げ〉
好みのチョコ細工、ハーブ(ミント、タイム)
　……各適量

【下準備】
・型にオーブンシートを敷く(p.10のC参照)。
・Aは合わせて湯煎にかけ、40〜50℃に温めておく。
・オーブンに天板を入れ、焼成温度より高い190℃に予熱する。

【作り方】

1　スポンジ生地を作る。p.14の作り方❶〜❿と同様にし、❺で抹茶パウダーと薄力粉を一緒にふるい入れる。

2　デコレーションする。1をケーキナイフで厚みを6等分(1枚6mm厚さ)にスライスし、上面を薄く切り落とす。
　●p.16の⓫と同様にスポンジカット補助具を使用する。

3　抹茶クリームを作る。ボウルにBを入れてよく混ぜる。

4　別のボウルに生クリーム、グラニュー糖を入れ、3を茶こしでこしながら加え、氷水に当てながらハンドミキサーの低速でよく混ぜる。

5　p.18の❶〜❷の手順で泡立て、ボウルの手前部分を泡立て器で8分立てにする。

6　p.16の⓭と⓰と同様に、スポンジ生地に抹茶クリームを塗り、上にスポンジ生地を1枚重ね、手で均一に押さえる。あと4回くり返し(a)、p.16の⓱と同様に、側面のはみ出したクリームをならす。

7　p.17の⓲〜⓴と同様に下塗りと本塗りをする(b)。

8　ドリップ液を作る。p.24の8と同様に作り、ダマが気になる場合は茶こしでこす(c)。

9　p.24の9と同様に8をかけて(d)側面に垂らす(e)。

10　絞りクリームをp.18の❶と同様に泡立て、泡立て器で全体を8分立てにする。丸口金#11をつけた絞り袋に入れ、9の縁からやや内側に直径1.5cmほどのドット形に絞り出す(f/p.20の9参照)。
　●口金を垂直に立てて絞り、真上にスッと抜くと形がきれいに。

11　チョコ細工、ハーブを飾る。
　●チョコ細工は、コーティング用ホワイトチョコレートを溶かし、3mm厚さくらいに薄くのばして花の抜き型で抜いたもの。

a

b

c

d

e

f

デコレーションアレンジ

**星口金のベーシックな絞り方は
はじめてのデコレーションにもおすすめ**

ケーキの縁に絞りクリーム（p.14参照）を星口金8切#6で斜めシェル形（p.19の6参照）に絞り、いちごをランダムにのせる。クリームはケーキの奥側で絞り、回転台を反時計回りに回す。いちごはヘタつきがあるとアクセントになり、シーンに合わせてピック（p.58・76参照）を刺すのもおすすめ。

**ピンクのドリップをアクセントに。
星口金のシェル絞りでかわいくあしらう**

いちごのドリップ液をp.27の下と同様に作り（いちごパウダーの分量を少し減らす）かけて垂らす。ケーキの縁に絞りクリーム（p.14参照）を星口金12切#10で斜めシェル形（p.19の6参照）に絞り、いちごをランダムにのせ、p.25の花のチョコ細工を飾る。クリームはケーキの手前で絞り、回転台を時計回りに回す。

**ふんわりとしたシルエット。
丸口金の斜め絞りでエレガントに**

ケーキの縁に絞りクリーム（p.14参照）を丸口金#11で斜めしずく形（p.20の10参照）に絞る。ケーキの手前側で絞り、回転台を時計回りに回すとスムーズ。切ったいちごをランダムにのせ、ハーブを飾る。

**サントノーレ口金で華やかに彩る
お花のようなデコレーション**

絞りクリーム（p.14参照）をサントノーレ口金#25でケーキの内側からU字形（p.19の2参照）に絞り、中心のあいている部分にいちごを並べる。花びらのようにきれいな曲線を描いてクリームを絞ると華やかになる。

ナッペをしたあとのデコレーションは、アイデア次第でいろいろたのしめます。

**いちごのドリップと小花で
キュートなデザインに**

いちごのドリップ液を、下記と同様に作り(いちごパウダーの分量を少し減らす)、p.24の作り方**9**と同様にケーキにかけて垂らす。側面の小花は、フリーズドライストロベリーをひとかけつけてタイムをあしらったもの。最後にいちごを片側に寄せてのせ、ハーブを飾る。あいたスペースにプレート(p.58・76参照)をのせても。

**2色のクリームをランダムに。
ペイント風の映えるデコレーション**

p.14の絞りクリームをp.18の❶と同様に泡立て、泡立て器で全体を8分立てにする。半量にアイシング用ジェル状色素の赤色を少量混ぜ、2色のクリームを作る。ケーキの上にクリームをそれぞれぽとんと落とし、小さなパレットナイフでスッとのばして全体をペイントするように塗る。残りのクリームでメッセージを入れ、アラザンを散らす。

**ナッペを引き立てるドリップで
スタイリッシュな印象に**

p.25の抹茶のドリップ液の牛乳を15g、抹茶パウダーをいちごパウダー4gに置き換え、作り方**8**と同様にいちごのドリップ液を作ってケーキの一部分に垂れるようにかける。ドリップ液をかけた部分にいちごをのせ、タイムを飾ってピック(p.58・76参照)を刺す。

**雪景色をイメージした
真っ白なクリスマスケーキ**

p.14の絞りクリームをp.18の❶と同様に泡立て、泡立て器で全体を8分立てにし、サントノーレ口金#15でV字の切り込みを上にして横にまっすぐ絞り出す。仕上げに金箔とパールのアラザンを散らし、ピック(p.76参照)を刺す。

特別な日を彩る ほめられケーキ 27

フルーツタルト

タルト生地にアーモンドクリームを入れて焼いたタルト台に
カスタードクリームをのせて生クリームとフルーツで飾ります。
タルト台をマスターすれば形やデコレーションを変えて
アレンジもたのしめます。

作り方 —— P.30

●アレンジ

柑橘タルト

フルーツタルトのデコレーションを
柑橘に変えるだけ。
柑橘をたっぷりのせた
爽やかなタルトに。

作り方 —— P.33

フルーツタルト

【材料　直径18cmの底取れタルト型1台分】

〈タルト生地〉

A│ 薄力粉 …… 90g
　│ 強力粉 …… 30g
　│ アーモンドパウダー …… 15g
　│ 粉糖 …… 35g
　│ 塩 …… ひとつまみ

バター …… 60g
全卵（ほぐす）…… 20g

〈アーモンドクリーム〉

バター …… 50g
グラニュー糖 …… 50g
全卵（ほぐす）…… 50g
アーモンドパウダー …… 50g
ラム酒（好みで）…… 大さじ1

〈カスタードクリーム〉

卵黄 …… 60g
細目グラニュー糖 …… 40g
B│ 薄力粉 …… 8g
　│ コーンスターチ …… 8g
牛乳 …… 200g
バニラビーンズ（ペーストでも可）…… 1/3本
バター（あれば発酵バター）…… 30g

〈絞りクリーム〉

生クリーム（乳脂肪分40〜43％）…… 80g
細目グラニュー糖 …… 5g

〈仕上げ〉

好みのフルーツ
C│ いちご …… 10個、オレンジ …… 1個、
　│ キウイフルーツ …… 1個
ラズベリー、ブルーベリー …… 各2〜3個
好みのハーブ（ミント、タイム）、粉糖 …… 各適量

＊「柑橘タルト」はタルト生地から絞りクリームまで材料と作り方は同じ。デコレーションはp.33を参照。

【下準備】

・タルト生地用のバターは1cm角に切り、使う直前まで冷蔵室で冷やす。

・アーモンドクリーム用のバターは室温に戻す。
　＊かたい場合は、1cm厚さに切ってラップで包み、指がスッと入るくらいのやらかさになるまで様子を見ながら電子レンジで10秒ずつ加熱する。

・オーブンに天板を入れ、焼成温度より高い200℃に予熱する。

・バニラビーンズは縦に切り込みを入れて種をこそげ取り、さやと一緒に器に入れる。

・いちごはヘタを取って縦半分に切る。オレンジはナイフで内側の白い部分ごと皮をむき、薄皮にナイフを入れて実を取り出す。キウイは皮をむいて1.5cm幅のいちょう切りにする。

タルト生地を作る

【作り方】

❶ フードプロセッサーにAを入れ、軽く混ぜてからバターを加え、バターがサラサラになるまで混ぜる。

❷ 卵を加えて混ぜる。
◎ある程度まとまればOK。

❸ ラップを広げて❷をのせ、きれいな円形にまとめて包み、冷蔵室で1時間以上休ませる。

④ 新しいラップで❸をはさみ、麺棒で3〜5mm厚さの円形にのばす。
◎生地がかたい場合は、少し室温においで作業しやすいかたさにする。

⑤ 型の底部分をはずしてシルパンの上におく。❹のラップをはがして型にのせ、底の端まで生地をきっちり敷き込む。
◎生地がベタついて作業しにくい場合は、再度冷蔵室で冷やすとよい。

⑥ 型からはみ出した部分をナイフなどで縁に沿ってカットし、側面の内側にすき間ができないように指先で押さえる。

⑦ 型ごとラップで包み、シルパンにのせたまま冷蔵室で冷やしておく。

アーモンドクリームを作る

【作り方】

⑧ ボウルに卵を入れて湯煎にかけ、混ぜながら人肌程度に温める。

⑨ 別のボウルにバターを入れて泡立て器で練り、グラニュー糖を加えてすり混ぜる。

⑩ ❽を4〜5回に分けて加え、そのつど泡立て器でよく混ぜる。
◎卵の量が多いので、加える回数を増やして混ぜ、分離を防ぐ。

⑪ アーモンドパウダーを加えて泡立て器で混ぜ、好みでラム酒を加えて混ぜる。

⑫ ❼を冷蔵室から取り出し、⑪を入れてゴムべらで均一に広げる。

⑬ 180℃のオーブンで25〜30分焼き、取り出して網にのせてしっかり冷まし、型をはずす。

カスタードクリームを作る

【作り方】

⑭ ボウルに卵黄を入れて泡立て器でほぐし、グラニュー糖を加えて、Bをふるい入れ、そのつど混ぜる。

⑮ 鍋に牛乳、バニラビーンズをさやと一緒に入れて中火にかける。沸騰直前で火を止め、ざるでこしながら⑭に加え、泡立て器で混ぜる。

⑯ 鍋に戻して中火にかけ、ゴムべらで混ぜながら加熱する。スクランブルエッグのようになったらいったん火を止め、泡立て器でなめらかになるまでよく混ぜる。
◎焦げないように、底から大きく混ぜる。

⑰ 再び火にかけ、ゴムべらで大きく混ぜる。ふつふつとしてきたら、さらに混ぜながら1分ほど加熱する。

⑱ 火を止めてバターを加え、余熱で溶かしながらよく混ぜる。

⑲ バットに移して表面をラップでぴっちりと覆い、保冷剤ではさんでしっかり冷やす。

デコレーションする

⑳ ⑲がしっかり冷えたら、ゴムべらで練ってやわらかくし、先を1cmほど切った絞り袋に入れる。⑬を回転台にのせ、カスタードクリームを中心が高くなるように絞る。

◎カスタードの絞り方 **a**：中心から円を描きながら6〜7周絞る（絞り終わりは縁から2cm程度あける）。**b**：上に1周ずつ減らして4回重ねる。**c**：表面の筋を消すようにパレットナイフでならす。

㉑ 絞りクリームをp.18の❶と同様に泡立て、全体を泡立て器で8分立てにする。サントノーレ口金#15をつけた絞り袋に入れ、⑳の縁から内側へひし形(p.19の1参照)に絞る。

㉒ フルーツを飾る。Cのフルーツを外側から円を描くように全体に並べる。残りのフルーツをランダムにのせ、最後にラズベリー、ブルーベリー、ハーブを飾り、茶こしで粉糖をふる。

柑橘タルト

◎作り方❶〜⑳まで同様に作る。

【仕上げの材料と下準備】
・オレンジ、グレープフルーツ……各1個（皮をナイフで内側の白い部分ごとむき、薄皮にナイフを入れて実を取り出す。）
・ナパージュ……適量（耐熱容器に水50g、粉ゼラチン5g、細目グラニュー糖20gを入れ、電子レンジで30秒ほど加熱して溶かす）

㉑ 8分立てにした絞りクリームをバラ口金#4をつけた絞り袋に入れ、⑳の縁に花びら形（p.19の3参照）に絞る。柑橘を交互に放射状に並べ、中央に小さく切った柑橘をのせる。刷毛で柑橘にナパージュを塗り、好みでハーブ（ミント、タイムなど）を飾る。

モンブランタルト

タルト台に栗の渋皮煮を入れて焼き上げ、
生クリームとモンブランクリームをたっぷり絞ります。
口金や絞り方を変えてアレンジするのもおすすめ。

作り方 —— p.36

ブルーベリータルト

タルト台をタルトリングで小さく焼いて
カスタードクリームとブルーベリーをトッピング。
プチッと弾ける果実がアクセントに。

作り方 P.37

モンブランタルト

【材料　直径18cmの底取れタルト型1台分】

〈タルト生地〉

A│薄力粉 …… 90g
　│強力粉 …… 30g
　│アーモンドパウダー …… 15g
　│粉糖 …… 35g
　│塩 …… ひとつまみ
バター …… 60g
全卵(ほぐす) …… 20g

〈アーモンドクリーム〉

バター …… 50g
グラニュー糖 …… 50g
全卵(ほぐす) …… 50g
アーモンドパウダー …… 50g
ラム酒(好みで) …… 大さじ1
栗の渋皮煮 …… 5～6個

〈絞りクリーム〉

生クリーム(乳脂肪分40～43%) …… 150g
細目グラニュー糖 …… 10g

〈モンブランクリーム〉

マロンペースト …… 200g
牛乳 …… 40g

〈仕上げ〉

栗の渋皮煮 …… 3個
好みのナッツ
　(アーモンド、ヘーゼルナッツ、ピスタチオなど)
　…… 合わせて25～30g
好みのハーブ(タイム)、粉糖 …… 各適量

【下準備】

・タルト生地用のバターは1cm角に切り、使う直前まで冷蔵室で冷やす。
・アーモンドクリーム用のバターは室温に戻す。
　＊かたい場合は、1cm厚さに切ってラップで包み、指がスッと入るくらいのやわらかさになるまで様子を見ながら電子レンジで10秒ずつ加熱する。
・栗の渋皮煮は汁を拭き取り、アーモンドクリーム用は四つ割り、デコレーション用は半分に切る。
・ナッツ類は160℃のオーブンで10～12分焼いて冷まし、粗く刻む。
・オーブンに天板を入れ、焼成温度より高い200℃に予熱する。

【作り方】

1　タルト生地を作る。p.30の作り方❶～❼と同様にする。

2　アーモンドクリームを作る。p.31の❽～⓬と同様にし、栗の渋皮煮を散らして指で押さえて埋め(a)、⓭と同様に焼いて冷ます。

3　絞りクリームを作る。p.18の❶と同様に泡立て、泡立て器で全体を9分立てにし、丸口金#11をつけた絞り袋に入れる。

4　2を回転台にのせ、3を中心が高くなるように絞り、表面の筋を消すようにパレットナイフでならす(b)。
　●絞り方はp.33の作り方⓴のa～cと同様にする。

5　モンブランクリームを作る。ボウルにマロンペーストを入れ、ゴムべらで軽く練る。牛乳を加え、泡立て器でよく混ぜる。
　●絞りやすいやわらかさにする(c)。

6　バラ口金#4をつけた絞り袋に入れ、4の生クリームの縁から中心に向かって直線(p.19の4参照)に絞る(d)。
　●薄いほうに少し重ねながら2周絞る。

7　ナッツ類をモンブランクリームの縁に散らし(e)、仕上げ用の渋皮煮を中心に飾る(f)。ハーブを添え、タルト台の縁に茶こしで粉糖をふる。

ブルーベリータルト

【材料　直径6cmのタルトリング4個分】

〈タルト生地〉

A
- 薄力粉 …… 90g
- 強力粉 …… 30g
- アーモンドパウダー　15g
- 粉糖 …… 35g
- 塩 …… ひとつまみ

バター …… 60g
全卵（ほぐす）…… 20g

〈アーモンドクリーム〉

バター …… 20g
細目グラニュー糖 …… 20g
全卵（ほぐす）…… 15g
アーモンドパウダー …… 20g
ラム酒（好みで）…… 小さじ1

〈カスタードクリーム〉

卵黄 …… 20g
細目グラニュー糖 …… 12g

B
- 薄力粉 …… 3g
- コーンスターチ …… 2g

牛乳 …… 65g
バニラビーンズ（ペーストでも可）…… 1/5本
バター（あれば発酵バター）…… 10g

〈仕上げ〉

ブルーベリー …… 80個
好みのハーブ（ミント、タイム）、粉糖 …… 各適量

【下準備】

- タルト生地用のバターは1cm角に切り、使う直前まで冷蔵室で冷やす。
- アーモンドクリーム用のバターは室温に戻す。
  ＊かたい場合は、1cm厚さに切ってラップで包み、指がスッと入るくらいのやわらかさになるまで様子を見ながら電子レンジで10秒ずつ加熱する。
- オーブンに天板を入れ、焼成温度より高い200℃に予熱する。
- バニラビーンズは縦に切り込みを入れて種をこそげ取り、さやと一緒に器に入れる。

【作り方】

1　タルト生地を作る。p.30の作り方❶〜❹と同様にし、直径10cmのセルクルでタルトリングよりひとまわり大きい円形に4枚抜く（a）。

2　タルトリングをシルパンの上に間隔をあけておき、1をリングにのせて底の端まで生地をきっちり敷き込む。
● 生地がベタついて作業しにくい場合は、再度冷蔵室で冷やす。

3　p.31の❻と同様に、はみ出した部分をカットして整え（b）、タルトリングごとラップで包み、冷蔵室で冷やしておく。

4　アーモンドクリームを作る。p.31の❽〜⓫と同様にし、3に均等に入れてゴムべらでならす。

5　180℃のオーブンで25〜30分焼き（c）、取り出して網にのせてしっかり冷まし、型をはずす。

6　カスタードクリームを作る。p.32の⓮〜⓳と同様にする。

7　デコレーションする。6がしっかり冷えたら、ゴムべらで練ってやわらかくし、先を1cmほど切った絞り袋に入れる。5を回転台にのせ、カスタードクリームを中心が高くなるように絞り（d）、表面の筋を消すようにパレットナイフでならす（e）。
● 中心から円を描きながら絞り（縁を少しあける）、上に1周ずつ減らして3回重ねる。

8　ブルーベリーをカスタードクリームの縁から順に並べ（f）、ハーブを飾って茶こしで粉糖をふる。

a

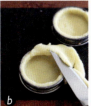
b

c

d

e

f

シンプルロールケーキ

断面がかわいいロールケーキ。
まずはシンプルな材料で作る基本から。
ふんわり生地と甘さ控えめのクリームが
ポイントです。

作り方 —— P.40

モンブランロール

シンプルロールケーキに
果実を巻いてデコレーションでアレンジ。
モンブラン口金で絞るといっそう華やかになります。

いちご

マロン

作り方 P.42

作り方 P.43

特別な日を彩る ほめられケーキ　39

シンプルロールケーキ

【材料　35×22cmのロールケーキ型*1台分】
*27cm角の型でも同じ分量で作れる。

〈ロール生地〉

全卵(ほぐす) …… 180g
細目グラニュー糖 …… 70g
薄力粉 …… 70g
A｜牛乳 …… 20g
　｜米油(またはサラダ油) …… 15g

〈ホイップクリーム〉

生クリーム(乳脂肪分40〜43%) …… 170g
細目グラニュー糖 …… 10g

【下準備】
・型に敷紙を敷く（p.10のD参照）。
・Aは合わせて湯煎にかけ、人肌程度に温める。
・オーブンに天板を入れ、焼成温度より高い200℃に予熱する。

ロール生地を作る

【作り方】

❶ p.14の作り方❶〜❻と同様にする。

◎分量は異なるが、手順と混ぜ方など生地の状態は同じ。

❷ 準備したAをゴムべらに当てるようにして全体に流し入れ、ゴムべらでボウルの底からすくってしっかり混ぜる。

◎p.15の❼と同様にツヤが出るまで混ぜる。ただし、スポンジ生地より粉の割合が少ないので、混ぜる回数は少なくする。

❸ 準備した型に流し入れる。

仕上げる

❹ カードなどで表面を平らにならし、型の下から2〜3回たたいて空気を抜く。180℃のオーブンで14〜15分焼き、型を台の上に落として蒸気を抜く。敷紙ごと型からはずし、網にのせて冷ます。
◎焼き色が薄い場合は200℃にする、巻くときに生地が割れてしまう場合は12〜13分にするなど焼成温度と時間を調整する。

❺ ホイップクリームをp.18の❶と同様に泡立て、泡立て器で全体を8分立てにする。
◎一度に全部使うので、ここでは全体を均一に泡立てる。

❻ 新しい敷紙を広げて❹をひっくり返してのせ、敷紙をはがす。生地の短い辺の両端をケーキナイフで切り落とす。
◎短い辺を手前におき、巻き終わりになる辺（奥側）は、内から外へ斜めに切り落とす。

❼ ❺のクリームを9分立て（p.18参照）に泡立て直し、❻にのせてパレットナイフで塗り広げる。
◎クリームがやわらかいと巻きにくいので注意。手前の巻きはじめの部分を少し厚めにする。

❽ 巻きはじめに芯を作り、敷紙を持ち上げながら奥に向かって生地を巻く。形を整えて冷蔵室で1時間ほど休ませる。
◎芯を作るときは、生地を内側にぐっと押し込むようにする。敷紙の下に滑り止めシートやシルパンを敷くと巻きやすい。
◎巻き終わりを下にして紙の上からパレットナイフを当てながら下の紙を引っぱると、巻きがキュッと引き締まる。

❾ 紙をはずして両端を切り落とし、好みの厚さに切る。
◎カットするときは、そのつどナイフを湯につけるか火であぶって温め、よく拭いて使用。前後に細かく動かしながら切ると断面がきれいになる。

特別な日を彩る ほめられケーキ　41

モンブランロール
いちご

【材料　35×22cmのロールケーキ型*1台分】
*27cm角の型でも同じ分量で作れる。

〈ロール生地〉
全卵(ほぐす) …… 180g
細目グラニュー糖 …… 70g
薄力粉 …… 70g
A｜牛乳 …… 20g
　｜米油(またはサラダ油) …… 15g

〈ホイップクリーム〉
生クリーム(乳脂肪分40〜43%) …… 150g
細目グラニュー糖 …… 10g
いちご …… 小12〜13個

〈いちごクリーム〉
B｜いちごパウダー …… 10g
　｜生クリーム(乳脂肪分40〜43%) …… 150g
　｜細目グラニュー糖 …… 10g

〈仕上げ〉
いちご …… 5〜6個
好みのハーブ(ミント、タイム) …… 各適量

【下準備】
・型に敷紙を敷く (p.10のD参照)。
・Aは合わせて湯煎にかけ、人肌程度に温める。
・オーブンに天板を入れ、焼成温度より高い200℃に予熱する。
・いちごはヘタを取り、ホイップクリーム用は5個を縦半分(大きい場合は4等分)に切り、7〜8個を四つ割りにする。仕上げ用は横に4等分にスライスする。

【作り方】

1　ロール生地を作る。p.40の作り方❶〜❹と同様にする。

2　仕上げる。p.41の❺〜❼まで同様にし、ホイップクリーム用のいちごを並べる。
　●手前の端から2〜3cm内側に、縦半分に切ったいちごを横向きに1列並べる。生地の奥の端から中心に四つ割りにしたいちごを4列に並べる。横1列に並べると巻いたときに凹凸ができるので、斜めに並べる (*a*)。

3　巻きはじめは手前のいちごを包むように芯を作り、敷紙を持ち上げながら奥に向かって生地を巻く。
　●奥のいちごがズレないようにゆっくり巻く。敷紙の下に滑り止めシートやシルパンを敷くと巻きやすい。

4　巻き終わりを下にして紙の上からパレットナイフを当てながら下の紙を引っぱって形を整える。冷蔵室で1時間ほど休ませ、紙をはずして両端を切り落とす。
　●形が崩れないようにしっかり冷やす。カットする際は、ナイフを湯につけるか火であぶって温めてよく拭き、前後に細かく動かしながら切ると断面がきれいに。

5　いちごクリームを作る。ボウルにBを入れて氷水に当てながら泡立て器で泡立て、全体を8分立て(p.18参照)にする (*b*)。
　●いちごパウダーを入れると生クリームがかたまりやすくなるので、ハンドミキサーではなく泡立て器を使う。

6　モンブラン口金(中)をつけた絞り袋に5を入れ、4の上に左右に動かしながら絞る(*c*／p.20の12参照)。
　●奥から手前に向かって上面の左右いっぱいにゆっくりと動かしながら絞る。

7　仕上げ用のいちごを並べ (*d*)、ハーブを飾る。
　●いちごは左右に少しずらしながら、斜めに立てるように並べる。

a

b

c

d

モンブランロール
マロン

【材料　35×22cmのロールケーキ型*1台分】
*27cm角の型でも同じ分量で作れる。

〈ロール生地〉

全卵（ほぐす）……180g

細目グラニュー糖……70g

薄力粉……70g

A｜牛乳……20g
　｜米油（またはサラダ油）……15g

〈ホイップクリーム〉

生クリーム（乳脂肪分40～43％）……150g

細目グラニュー糖……10g

栗の渋皮煮……8～10個

〈モンブランクリーム〉

マロンペースト……100g

牛乳……20g

〈仕上げ〉

栗の渋皮煮……3～4個

粉糖、好みのハーブ（タイム）……各適量

【下準備】
・型に敷紙を敷く（p.10のD参照）。
・Aは合わせて湯煎にかけ、人肌程度に温める。
・オーブンに天板を入れ、焼成温度より高い200℃に予熱する。
・栗の渋皮煮は汁けを拭き取り、ホイップクリーム用は四つ割りに、仕上げ用は四つ割り、または半分に切る。

【作り方】

1　ロール生地を作る。p.40の作り方❶～❹と同様にする。

2　仕上げる。p.41の❺～❼まで同様にし、ホイップクリーム用の栗の渋皮煮を並べる。
●手前の端から2～3cm内側に、縦半分に切った栗を1列並べる。生地の奥の端から中心に四つ割りにした栗を2列に並べる。横1列に並べると巻いたときに凹凸ができるので、斜めに並べる（a）。

3　巻きはじめは手前の栗を包むように芯を作り、敷紙を持ち上げながら奥に向かって生地を巻く。
●奥の栗がズレないようにゆっくり巻く。敷紙の下に滑り止めシートやシルパンを敷くと巻きやすい。

4　巻き終わりを下にして紙の上からパレットナイフを当てながら下の紙を引っぱって形を整える。冷蔵室で1時間ほど休ませ、紙をはずして両端を切り落とす。
●形が崩れないようにしっかり冷やす。カットする際は、ナイフを湯につけるか火であぶって温めてよく拭き、前後に細かく動かしながら切ると断面がきれいに。

5　モンブランクリームを作る。p.36の5と同様にする。

6　モンブラン口金（中）をつけた絞り袋に5を入れ、4の上に左右に動かしながら絞る（b／p.20の12参照）。
●奥から手前に向かって上面の左右いっぱいにゆっくりと動かしながら絞る。

7　仕上げ用の栗の渋皮煮を並べ、茶こしで粉糖をふり（c）、ハーブを飾る。
●栗は切り方で印象が変わるので、好みにカットして並べても。

フルーツシフォンケーキ

ゆるめに泡立てた生クリームをたらりん。
フルーツを飾れば、簡単に映えるデコレーションに。
まずは、ふわふわシフォン生地の基本から。
12cmと18cmの型の分量を記載しているので、
好みの大きさで作ってください。

【材料　直径12cm＊（18cm）のシフォン型1台分】
＊12cmで作る場合は、分量を2倍にして2台分を
一度に作ると生地の膨らみが安定するのでおすすめ。
＊カッコ内に18cmの型の分量を記載。作り方は12cmと同じ。

〈シフォン生地〉

A｜卵黄 …… 25g(100g)
　｜細目グラニュー糖 …… 10g(65g)

B｜米油(またはサラダ油) …… 10g(40g)
　｜熱湯 …… 18g(70g)

C｜薄力粉 …… 33g(140g)
　｜ベーキングパウダー …… 1.2g(5g)

卵白 …… 50g(200g)
細目グラニュー糖 …… 15g(50g)

〈ドリップクリーム〉

D｜生クリーム(乳脂肪分35〜40%) …… 50g(150g)
　｜細目グラニュー糖 …… 3g(10g)

〈仕上げ〉

好みのフルーツ
　いちご …… 小2個(小4個)
　キウイフルーツ …… 1/4個(1/2個)
　オレンジ …… 1房(2房)
　巨峰 …… 1個(2個)
　ラズベリー …… 2個(4個)
　ブルーベリー …… 3個(6個)
好みのハーブ(ミント、タイム) …… 各適量

【下準備】

・型の中心に敷紙を巻く（p.10のB参照）。

・卵白は使う直前まで冷凍室で冷やす。
　＊卵白を凍る直前まで冷やすとメレンゲが安定しやすい。

・オーブンに天板を入れ、
　焼成温度より高い200℃に予熱する。

・いちごはヘタを取り、縦半分に切る。
　キウイ、オレンジはいちごの大きさにそろえて切る。
　巨峰は半分に切る。

シフォン生地を作る

【作り方】

❶ ボウルにAを入れ、泡立て器でよく混ぜる。

❷ Bを合わせて加え、泡立て器でよく混ぜる。

❸ Cを合わせてふるい入れ、泡立て器で粉けがなくなるまで混ぜる。

特別な日を彩る　ほめられケーキ　45

❹ ボウルに卵白、グラニュー糖小さじ1〜2を入れ、ハンドミキサーの中速で1分（18cmの場合は1分30秒）ほど泡立てる。羽根を持ち上げてメレンゲの筋がうっすら残るくらいまで泡立てたら残りのグラニュー糖の半量を加え、さらに30秒ほど泡立てる。
◎高速で泡立てるとメレンゲがかたくなり、生地に混ざりにくくなるので注意。

❺ ふんわりしてきたら残りのグラニュー糖を加え、中速でツヤが出るまで1分（18cmの場合は1分30秒）ほどしっかり泡立てる。
◎羽根をゆっくり持ち上げたときにメレンゲがやわらかくのび、角の先がお辞儀するくらいまで。

❻ ❸に❺を1/4量ほど加え、泡立て器でぐるぐる混ぜる。
◎泡立てないように混ぜ、メレンゲがなじめばOK。

❼ ❺に❻を加える。

❽ ゴムべらでメレンゲのかたまりを切るように、ていねいに混ぜる。
◎混ぜすぎると気泡がつぶれてしまうので、ムラがなくなればOK。

❾ 準備した型に流し入れ、180℃のオーブンで35〜40分焼く。
◎ぷっくりと膨らみ、割れ目にもしっかり焼き色がついたら焼き上がり。

⑩ 焼き上がったらすぐに型ごと逆さにして、そのまま冷ます。

⑪ しっかり冷めたら、下記の手順で型をはずす。

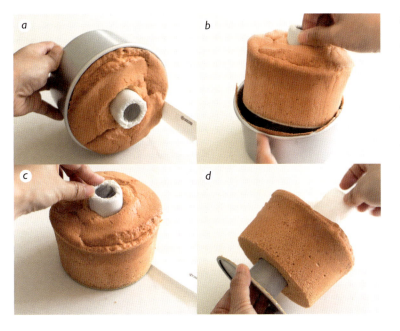

◎型のはずし方

a：ナイフを型の側面の底まで差し込み、型ごと寝かせて型を回すようにしてナイフを1周させる。
b：中央の筒を持ち、底板を押し上げて型をそっとはずす。*c*：底板と生地の間にナイフを入れる。
d：底板と筒をはずして、敷紙を抜く。

デコレーションする

⑫ ドリップクリームをp.18の❶と同様に泡立て、泡立て器で全体を混ぜる。

◎クリームをすくうとトロッと流れ落ちて跡がゆっくり消えるかたさにする。

⑬ ⑪の上に⑫をかけ、回転台を回しながらパレットナイフでクリームを垂らす。

◎パレットナイフで触りすぎず、遠心力を利用するときれいに垂れる。

⑭ いちご、キウイ、オレンジをのせてから、残りのフルーツをランダムにのせ、ハーブを飾る。

特別な日を彩る ほめられケーキ　47

コーヒーマーブルシフォン

作り方 —— p.50

基本のシフォン生地にコーヒー生地を
マーブル状に混ぜ込みました。
お店みたいな断面がおうちでも再現できます。

作り方 —— P.51

紅茶のシフォンサンド

紅茶がふんわり香る
上品なシフォン生地に
生クリームをはさんでいただきます。
おもてなしの席にもぴったりです。

コーヒー
マーブルシフォン

【材料　直径18cm（12cm＊）のシフォン型1台分】
＊カッコ内に12cmの型の分量を記載。作り方は18cmと同じ。
＊12cmで作る場合は、分量を2倍にして2台分を
一度に作ると生地の膨らみが安定するのでおすすめ。

〈シフォン生地〉

A | 卵黄 …… 100g（25g）
　| 細目グラニュー糖 …… 65g（10g）

B | 米油（またはサラダ油）…… 40g（10g）
　| 熱湯 …… 70g（18g）

C | 薄力粉 …… 140g（33g）
　| ベーキングパウダー …… 5g（1.2g）

卵白 …… 200g（50g）

細目グラニュー糖 …… 50g（15g）

エスプレッソパウダー …… 5g（1g）

【下準備】
・型の中心にオーブンシートを巻く
　（p.10のB参照）。
・卵白は使う直前まで冷凍室で冷やす。
　＊卵白を凍る直前まで冷やすとメレンゲが安定しやすい。
・オーブンに天板を入れ、
　焼成温度より高い200℃に予熱する。

【作り方】

1　シフォン生地を作る。p.45の作り方❶〜❽と同様にし、プレーン生地を作る。

2　*1*の1/3量ほどを別のボウルに入れ、エスプレッソパウダーを加えてゴムべらで混ぜ、コーヒー生地を作る（*a*）。
●混ぜすぎると気泡がつぶれてしまうので、ムラなく混ざればOK。

3　準備した型に*1*の残りのプレーン生地、*2*のコーヒー生地を交互に入れる（*b*）。
●同じ場所に入れないように、そのつど型を回して入れる。

4　箸や竹串でぐるぐると2〜3周混ぜ（*c*）、マーブル模様にし、180℃のオーブンで35〜40分焼く（*d*）。

5　p.47の❿〜⓫と同様に冷まして型をはずし、好みの大きさに切る。

紅茶の
シフォンサンド

【材料 直径18cm(12cm*)のシフォン型1台分】
*カッコ内に12cmの型の分量を記載。作り方は18cmと同じ。
*12cmで作る場合は、分量を2倍にして2台分を
一度に作ると生地の膨らみが安定するのでおすすめ。

〈シフォン生地〉

A | 卵黄 …… 100g(25g)
　| 細目グラニュー糖 …… 65g(10g)

B | 米油(またはサラダ油) …… 40g(10g)
　| 熱湯 …… 70g(18g)

C | 薄力粉 …… 140g(33g)
　| ベーキングパウダー …… 5g(1.2g)

卵白 …… 200g(50g)
細目グラニュー糖 …… 50g(15g)
紅茶の茶葉(ティーバッグ) …… 1パック分(約3g)

〈絞りクリーム〉

生クリーム(乳脂肪分40〜43%) …… 150g(50g)
細目グラニュー糖 …… 10g(3g)

〈仕上げ〉

好みのハーブ(タイム) …… 適量

【下準備】
・型の中心にオーブンシートを巻く
　(p.10のB参照)。
・卵白は使う直前まで冷凍室で冷やす。
　*卵白を凍る直前まで冷やすとメレンゲが安定しやすい。
・オーブンに天板を入れ、
　焼成温度より高い200℃に予熱する。

【作り方】

1　シフォン生地を作る。p.45の作り方❶〜❽と同様にする。

2　紅茶の茶葉を加え、ゴムべらでさっくりと混ぜる。
　●混ぜすぎると気泡がつぶれてしまうので注意。

3　p.46の❾〜⓫と同様に焼いて型をはずす(a・b)。

4　3をケーキナイフで8等分にカットする(c)。

5　内側を上にしておき、それぞれ真ん中にケーキナイフで切り込みを入れる(d)。

6　絞りクリームを作る。p.18の❶と同様に泡立て、泡立て器で全体を8分立てにする。

7　星口金12切#10をつけた絞り袋に入れ、5の切り込みにシェル形(p.19の7参照)に2段絞り入れる。(e)

8　ハーブを飾る。

かぼちゃのカップケーキ

かぼちゃを入れた生地をていねいに混ぜ、ふんわり&しっとり焼き上げます。
ハロウィーンのピックで飾ればイベント感がアップ。

【材料　直径5.5cmのマフィン型6個分】

〈マフィン生地〉

A｜バター …… 60g
　｜細目グラニュー糖（好みの砂糖でOK）…… 80g
全卵（ほぐす）…… 60g
B｜薄力粉 …… 150g
　｜ベーキングパウダー …… 3g
牛乳 …… 60g
かぼちゃ …… 70g

〈ホイップクリーム〉

生クリーム（乳脂肪分40〜43%）…… 100g
細目グラニュー糖 …… 5g

〈仕上げ〉

ドライかぼちゃ（下準備参照／市販でも可）…… 6切れ
ピスタチオ …… 適量

【下準備】

・バターは室温に戻す。
　＊かたい場合は、1cm厚さに切ってラップで包み、指がスッと入るくらいのやわらかさになるまで様子を見ながら電子レンジで10秒ずつ加熱する。
・卵は湯煎にかけ、人肌程度に温める。
・生地用のかぼちゃは種と皮を除いて耐熱皿にのせ、ラップをかけて電子レンジで2分ほど加熱し、フォークなどでなめらかにつぶす（a）。
・ドライかぼちゃは、天板に薄くスライスしたかぼちゃを並べ、140℃のオーブンで20〜25分焼く。
・マフィン型にグラシンカップを入れる。
・オーブンに天板を入れ、焼成温度より高い200℃に予熱する。

【作り方】

1　マフィン生地を作る。ボウルにAを入れ、ゴムべらですり混ぜてから、ハンドミキサーの中速で白っぽくなるまで混ぜる。
　●1と2はハンドミキサーの代わりに泡立て器でもOK。

2　温めた卵を3回に分けて加え、そのつどハンドミキサーの中速でよく混ぜる。

3　Bを合わせて半量をふるい入れ、ゴムべらでさっくり混ぜる。ある程度混ざったら、牛乳を半量加えて少し粉が残るくらいまで混ぜる。

4　残りのB、牛乳を順に加え（b）、そのつどゴムべらでよく混ぜる。
　●ボウルの底からすくって大きく混ぜる。

5　生地用のかぼちゃを加え（c）、全体がなじむまでゴムべらで混ぜ、準備した型に均等に入れる（d）。

6　180℃のオーブンで25〜30分焼き（e）、型からはずして網にのせてしっかり冷ます。

7　デコレーションする。ホイップクリームをp.18の❶と同様に6分立てにし、泡立て器で全体を7分立てにする。

8　7をスプーンですくい、6の上にこんもりのせる（f）。ドライかぼちゃ、砕いたピスタチオ、好みのピックを飾る。

ブッシュドノエル

シンプルロールケーキをココア生地とチョコクリームにアレンジ。
毎年たくさんの方が作ってくれる人気レシピです。

【材料　35×22cmのロールケーキ型*1台分】
＊27cm角の型でも同じ分量で作れる。

〈ロール生地〉

全卵(ほぐす) …… 180g

細目グラニュー糖 …… 70g

薄力粉 …… 65g

ココアパウダー …… 10g

A｜牛乳 …… 20g
　｜米油(またはサラダ油) …… 15g

〈チョコクリーム〉

B｜製菓用スイートチョコレート …… 60g
　｜牛乳 …… 40g

生クリーム(乳脂肪分40〜43％) …… 200g

〈仕上げ〉

好みのフルーツ
　いちご …… 小5個
　ブルーベリー …… 5〜6個
　ラズベリー …… 2個

好みのハーブ(タイム)、粉糖 …… 各適量

【下準備】

・ロールケーキ型に敷紙を敷く
　(p.10のD参照)。
・Aは合わせて湯煎にかけ、人肌程度に温める。
・オーブンに天板を入れ、焼成温度より高い
　200℃に予熱する。
・いちごはヘタを取り、縦半分と四つ割りにする。

【作り方】

1　ロール生地を作る。p.14の作り方❶〜❻と同様にし、❺でココアパウダーを薄力粉と一緒にふるい入れて混ぜる。

2　p.40の❷〜❹と同様にする。
●ココアパウダーが気泡をつぶすので絶対に混ぜすぎないこと。全体が混ざればOK。

3　チョコクリームを作る。p.24の❸〜❺と同様にする。

4　p.41の❻と同様に生地を整え、❼と同様に3のチョコクリームを半量ほどのせてパレットナイフで塗り広げ、❽と同様に巻く。

5　4を縦におき、手前の端から5cmを斜めにカットし(a)、奥の端にのせる(b)。
●手前の端から5cmのところにナイフを入れ、手前に向かって斜めに切り、幹をイメージして奥にのせる。

6　残りのチョコクリームを8分立て(p.18参照)に泡立て直し、片目口金#3をつけた絞り袋に入れて5の側面全体に絞る(c／p.20の12参照)。
●片目口金のギザギザ面を上にし、下のケーキには端から端まで直線ですき間なく絞り、上のケーキには縦に絞る。口金がない場合は、へらなどでクリームを塗り、フォークで筋をつけてもOK。

7　6の中央にいちごをのせ(d)、ブルーベリーとラズベリーを散らしてハーブを飾り、茶こしで粉糖をふる。
●粉糖を雪に見立ててふると雰囲気が増す。

54

Valentine's Day

ガトーショコラ

本来のしっとり濃厚なチョコレート生地とは異なるふんわりタイプのレシピです。
中央がへこみにくいのでデコレーションもしやすいです。

【材料　直径15cmの共底丸型1台分】

〈ガトーショコラ生地〉

A ｜ 製菓用スイートチョコレート …… 80g
　｜ バター …… 50g

生クリーム（乳脂肪分40〜43％） …… 60g

B ｜ 卵黄 …… 60g
　｜ 細目グラニュー糖 …… 50g

C ｜ 卵白 …… 110g
　｜ 細目グラニュー糖 …… 50g

D ｜ 薄力粉 …… 25g
　｜ ココアパウダー …… 45g

〈絞りクリーム〉

生クリーム（乳脂肪分40〜43％） …… 80g
細目グラニュー糖 …… 8g

〈仕上げ〉

いちご …… 3個
粉糖、好みのハーブ（タイム）…… 適量

【下準備】

・型に敷紙を敷く（p.10のC左参照）。
・オーブンに天板を入れ、
　焼成温度より高い180℃に予熱する。
・いちごはヘタを取り、縦半分に切る。

【作り方】

1　ガトーショコラ生地を作る。ボウルにAを入れて湯煎で溶かし、ていねいに混ぜる（a）。
●チョコレートが溶けるまで触らず、全体が溶けたら混ぜる。

2　耐熱容器に生クリームを入れて電子レンジで1分加熱し、1に加えて（b）よく混ぜる。そのまま湯煎において40〜45℃に保温する。

3　別のボウルにBを入れ、ハンドミキサーの高速で白っぽくなるまでよく混ぜる。
●卵黄をしっかり泡立てることで、生地がふんわり食感に仕上がる。

4　p.46の作り方❹〜❺と同様にCを混ぜてメレンゲを作る。

5　3に2を加え（c）、泡立て器でよく混ぜる。

6　Dを合わせてふるい入れ、泡立て器で混ぜる（d）。

7　6に4を1/4量ほど加え、泡立て器でぐるぐる混ぜてから残りのメレンゲを加え、ゴムべらでメレンゲのかたまりを切るように、ていねいに混ぜる（e）。
●混ぜすぎると膨らまないので、ムラがなくなればOK。

8　準備した型に流し入れ、表面をゴムべらできれいにならす。

9　160℃のオーブンで30分焼いたのち、140℃に下げて15〜20分焼く。網にのせてしっかり冷まし（f）、逆さにして型をはずして敷紙をはがす。

10　絞りクリームを作る。p.18の❶と同様に6分立てにし、泡立て器で全体を8分立てにする。丸口金♯11をつけた絞り袋に入れてしずく形（p.20の11参照）に絞る。

11　クリームの内側にいちごをのせ、茶こしで粉糖をふってハーブを飾る。

Column

シーンを盛り上げるデコアイテム 1

**本書で紹介するお菓子は、シーンに合う
デコレーションアイテムで飾ってアレンジも楽しめます。**

＊の商品はcottaの通販サイト（p.96参照）で購入できます。

Birthday

ホールケーキは
誕生日ケーキにぴったり。
キャンドルやチョコ細工、
メッセージプレート、
ピックを組み合わせて飾ってください。

1 6色入りの細いキャンドルと0〜9まで組み合わせられるナンバーキャンドル。＊パーティキャンドルS-6、ナンバーキャンドルG1　**2** チョコレートで作る花とクッキーの抜き型。＊左：抜き型（マーガレット 4個セット）　**3** メッセージ入りのピック。＊上：cotta ケーキピック HAPPY BIRTHDAY（2柄×5片）、左下：cotta ケーキピック シアーレクタングル（10片）　**4** クッキーを焼いてメッセージを。＊cotta クッキー型 花（3個セット）

Halloween

コウモリやかぼちゃなど、
ハロウィーンモチーフ＆カラーの
クッキーやピック、チョコ細工を
のせるだけで、
雰囲気がぐっと増します。

5 コウモリのクッキーを飾りに。＊ハロウィン抜型ミニ こうもり　**6** メッセージ入りのピック。＊cotta ケーキピック ハロウィンラベル（2柄×5片）、cotta ケーキピック キャッスル（10片）、cotta ケーキピック カフェボード（10片）　**7** ハロウィンモチーフのチョコレート細工。＊クモの巣、こうもり

2

ギフトに喜ばれる
自慢の焼き菓子

ギフトの定番、クッキー缶やパウンドケーキ、
フィナンシェも、自宅で気軽に手作りできます。
多めに作って、ご近所さんにお裾分けしたり、
来客時のウェルカムおやつに出したり、遠方の友人に送ったり。
ちょっとした気持ちを伝えるプチギフトにおすすめです。
ベーシックなお菓子ですが、お店に負けない味を生む
レシピとラッピング術をお届けします。

手作りクッキー缶

いろいろな味と形を詰め込んだ
夢のクッキー缶をご自宅で。
フードプロセッサーで作るお手軽レシピなので
ぜひチャレンジしてください。

全粒粉のクッキー
作り方 —— p.64

アイスボックスクッキー
プレーン・紅茶
作り方 —— p.62

ガレットブルトンヌ
作り方 —— p.65

ダブルチョコレートの
クッキー
作り方 —— p.63

いちごの
スノーボール
作り方 —— p.66

フロランタン
作り方 —— p.67

ギフトに喜ばれる 自慢の焼き菓子

アイスボックスクッキー
プレーン・紅茶

棒状にのばした生地を切って焼く
型いらずのお手軽クッキー。
紅茶以外のフレーバーも楽しめます。

【材料 直径4cm各約40枚分】

〈プレーン生地〉

バター(あれば発酵バター) …… 150g

A│薄力粉(エクリチュールがおすすめ) …… 220g
 │粉糖 …… 90g
 │塩 …… ひとつまみ

水 …… 10g
細目グラニュー糖 …… 適量

〈紅茶生地〉

プレーン生地の材料
＋紅茶の茶葉(ティーバッグ)
　　1パック分(約3g)

【下準備】共通
・バターは1cm角に切り、使う直前まで冷蔵室で冷やす。
・天板にオーブンシートを敷く。
・オーブンは焼成温度より高い200℃に予熱する。

【作り方】共通

1　フードプロセッサーにAを入れ、ザッと回す。
　●紅茶生地はここで茶葉を一緒に混ぜ、あとはプレーン生地と同じ作り方。

2　バターを加え、サラサラになるまで撹拌する。

3　分量の水を加え、ひとまとまりになるまで撹拌する(*a*)。

4　ラップを広げて3をのせ、両手で転がしながら直径3.5cmの円柱状に成形する。

5　ラップの手前に生地をおき直し、生地を転がしてラップをぴっちり巻きつけ、両端をねじって包む。シワが入らないようにのばして形を整え、冷蔵室でひと晩寝かせる。

6　ラップをはがして生地に刷毛で水を少量(分量外)塗り(*b*)、全体にグラニュー糖をまぶす。ナイフで1.5cm幅にカットし(*c*)、準備した天板に間隔をあけて並べる。
　●一度に焼けない場合は、残りの生地を冷蔵室に入れて2回に分ける。

7　180℃のオーブンで15〜18分焼き、網にのせて冷ます(*d*)。

 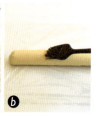  

a　*b*　*c*　*d*

ダブルチョコレートのクッキー

ココア生地にチョコチップを
たっぷり入れた濃厚クッキー。
アイスボックスクッキーと作り方は同じです。

【材料　直径4cm約35枚分】

バター …… 80g

A | 薄力粉（エクリチュールがおすすめ）…… 95g
　| ココアパウダー …… 15g
　| アーモンドパウダー …… 35g
　| 粉糖 …… 60g
　| 塩 …… ひとつまみ

全卵（ほぐす）…… 15g

チョコチップ …… 50g

細目グラニュー糖 …… 適量

【下準備】
・バターは1cm角に切り、使う直前まで冷蔵室で冷やす。
・天板にオーブンシートを敷く。
・オーブンは焼成温度より高い200℃に予熱する。

【作り方】

1　p.62の作り方1〜2と同様にする。
2　卵を加え、ひとまとまりになる直前まで撹拌する。
3　チョコチップを加え（a）、ひとまとまりになるまで撹拌する（b）。
　●チョコチップを加えたあとにしっかり混ぜるとチョコチップが細かくなり、軽く混ぜると大きく残るので、好みに合わせて調整。
4　p.62の4〜7と同様にする（c）。

ギフトに喜ばれる　自慢の焼き菓子

全粒粉のクッキー

全粒粉の素朴な生地を
ホワイトチョコでコーティング。
カリッとした食感もたまりません。

【材料　プレッツェル抜き型20〜25枚分】

バター …… 60g

A ┃ 薄力粉(エクリチュールがおすすめ) …… 100g
　┃ 全粒粉 …… 25g
　┃ きび砂糖 …… 60g
　┃ 塩 …… ひとつまみ

全卵(ほぐす) …… 25g

〈仕上げ〉

コーティング用ホワイトチョコレート …… 50g
ピスタチオ(刻む) …… 適量

【下準備】
・バターは1cm角に切り、使う直前まで冷蔵室で冷やす。
・ピスタチオは160℃のオーブンで
　5分ほどローストし、細かく刻む。
・オーブンは焼成温度より高い200℃に予熱する。

【作り方】

1　p.62の作り方 *1* 〜 *2* と同様にする。
2　卵を加え、ひとまとまりになるまで撹拌する。
3　ラップを広げて *2* をのせ、上からラップをかぶせて麺棒で3mm厚さにのばし(*a*)、ラップで包んで冷蔵室でひと晩寝かせる。
4　ラップをはがしてプレッツェル抜き型で生地を抜き(*b*)、シルパン、またはオーブンシートに間隔をあけて並べる。
5　180℃のオーブンで13〜15分焼き、網にのせて冷ます(*c*)。
6　ホワイトチョコレートを湯煎にかけて溶かし、*5* のクッキーの端につけて(*d*)オーブンシートにのせる。ピスタチオを散らし(*e*)、チョコレートがかたまるまでおく。

a

b

c

d

e

ガレットブルトンヌ

バターの風味に塩味がアクセント。
食べごたえのある厚みと
サクッほろっの食感を楽しんで。

【材料　直径5.5cmのセルクル10～12個分】

バター（あれば発酵バター）……250g

A│薄力粉（エクリチュールがおすすめ）……250g
　│粉糖……120g
　│塩……2g

卵黄……20g

〈卵黄液〉

B│卵黄……20g
　│水……小さじ1/2
　│細目グラニュー糖……小さじ1

バター（セルクル用）……適量

【下準備】
・生地用のバターは1cm角に切り、
　使う直前まで冷蔵室で冷やす。
・オーブンは焼成温度より高い200℃に予熱する。

【作り方】

1　p.62の作り方 1～2 と同様にする。
2　卵黄を加え、ひとまとまりになるまで撹拌する。
3　ラップを広げて2をのせ、上からラップをかぶせて麺棒で1.5cm厚さにのばし（a）、ラップで包んで冷蔵室でひと晩寝かせる。
　●麺棒でのばすときは、表面にシワが入らないようにラップを伸ばしながら行い、最後にラップをはずしてオーブンシートをかぶせ、表面を整えるようにのばすときれいに仕上がる。
4　ラップをはがしてセルクルで生地を抜き（b）、シルパン、またはオーブンシートに間隔をあけて並べる。
5　卵黄液を作る。小さめの容器にBを入れてよく混ぜ、4の生地に刷毛で塗る（c）。
　●縁を5mmほど残して塗ると焼き上がりがきれいに。
6　表面にフォークなどで斜め格子の模様をつける（d）。
7　セルクルの内側に室温に戻したバターを刷毛で塗り（e）、6の生地に1つずつはめる（f）。
8　180℃のオーブンで25～30分焼き、熱いうちにセルクルをはずし、そのまま冷ます。

いちごのスノーボール

いちごの甘酸っぱさと
サクほろ食感がおいしい。
いろいろなフレーバーで作れます。

【材料 35個分】

バター …… 80g

A｜薄力粉(エクリチュールがおすすめ) …… 130g
　｜粉糖 …… 30g
　｜いちごパウダー* …… 10g

B｜粉糖 …… 30g
　｜いちごパウダー* …… 10g

＊ココアパウダーやきな粉に置き換え可。
また、いちごパウダーを使わず、
プレーン（ホワイト）にしてもOK。

【下準備】
・バターは1cm角に切り、使う直前まで冷蔵室で冷やす。
・オーブンは焼成温度より高い180℃に予熱する。

【作り方】

1　フードプロセッサーにAを入れ、ザッと回す（a）。

2　バターを加え、粗くまとまるまで撹拌する（b）。

3　2を1個7〜8gに計量し、ラップで包んで1個ずつギュッと丸め（c）、シルパン、またはオーブンシートに間隔をあけて並べる。
　◉生地がまとまりにくく手のひらで転がしても丸まらないので、ラップを使うのがおすすめ。
　◉室温が高かったり、手の温度で生地がやわらかくなったりした場合は、冷蔵室で30分〜1時間冷やしてから焼く。

4　160℃のオーブンで15〜17分焼き、シルパンごと網にのせて粗熱をとる（d）。

5　ボウルにBを混ぜ合わせ、4が温かいうちに入れて粉をまぶし（e）、バットに並べてしっかり冷ます（f）。

6　粉がなじんだら、再度5のボウルに入れて粉をまぶす。
　◉2回まぶすことで、しっかり粉がつく。

フロランタン

パリパリのアーモンドが心地いい。
キャラメル風味の
アパレイユがクセになります。

【材料 20cm角のスクエア型1台分】

〈クッキー生地〉
バター（あれば発酵バター）……80g
A│薄力粉（エクリチュールがおすすめ）……130g
　│粉糖……65g
　│塩……ひとつまみ
全卵（ほぐす）……10g

〈アパレイユ〉
B│生クリーム（乳脂肪分40〜43％）……15g
　│バター（あれば発酵バター）……25g
　│水あめ……25g
　│細目グラニュー糖……25g
スライスアーモンド……50g

【下準備】
・クッキー生地用のバターは1cm角に切り、使う直前まで冷蔵室で冷やす。
・型にオーブンシートを敷く（p.10のA参照）。
・オーブンに天板を入れ、焼成温度より高い200℃に予熱する。

【作り方】

1 p.62の作り方*1*〜*2*と同様にする。

2 卵を加え、ひとまとまりになるまで撹拌する。

3 ラップを広げて*2*をのせ、上からラップをかぶせて麺棒で20cm角の正方形にのばす。ラップで包んで冷蔵室でひと晩寝かせる。

4 ラップをはがしてシルパン、またはオーブンシートに生地をのせ（*a*）、180℃のオーブンで15分ほど焼き、網にのせてしっかり冷ます。
● 軽く焼き色がつけばOK。

5 *4*を型にぴったり入るように4辺の端をカットし（*b*）、準備した型に入れる。
● 型と生地の間にすき間ができないように、生地の周囲をきれいに切る。

6 アパレイユを作る。鍋にBを入れて火にかける。沸騰したら火を止めてアーモンドを加え（*c*）、ゴムべらでよく混ぜる。

7 *5*の生地の上に*6*を流し入れ、表面をゴムべらで平らにならす（*d*）。

8 180℃のオーブンで20〜25分、しっかり焼き色がつくまで焼く。網にのせて粗熱をとり、型からはずす。
● アパレイユがふつふつとしなくなるまでしっかり焼くと、カリカリになっておいしい。

9 表面が温かいうちに裏返してオーブンシートをはがし、ケーキナイフで好みの大きさに切る。
● 完全に冷めるときれいにカットできないので注意。冷めすぎた場合は180℃のオーブンで1〜2分温めてから切る。

ギフトに喜ばれる 自慢の焼き菓子

ウィークエンドシトロン

甘酸っぱいアイシングがアクセントに。
レモンの香りと酸味をきかせた爽やかなパウンドです。
細長い型で焼いたかわいいフォルムはギフトにもぴったり。

作り方 —— P.70

キャラメルパウンドケーキ

濃厚でほろ苦く、香り豊かなキャラメルソースを
パウンド生地に混ぜ込みました。
切ったときにあらわれるマーブル模様も喜ばれます。

作り方 —— P.71

ギフトに喜ばれる 自慢の焼き菓子

ウィークエンドシトロン

【材料　長さ20cmのスリムパウンド型1台分】
＊カッコ内に長さ21cmのパウンド型の分量を記載。

〈パウンド生地〉
バター …… 70g(120g)
細目グラニュー糖 …… 60g(105g)
全卵(ほぐす) …… 70g(105g)
A │ 薄力粉 …… 60g(120g)
　│ ベーキングパウダー …… 1g(2g)
レモンの皮 …… 1/2個分(1個分)

〈レモンアイシング〉
B │ 粉糖 …… 60g(90g)
　│ レモン汁 …… 15g(22g)

〈仕上げ〉
レモンの皮(細切り) …… 少々

【下準備】
・バターは室温に戻す。
　＊かたい場合は、1cm厚さに切ってラップで包み、指がスッと入るくらいのやわらかさになるまで様子を見ながら電子レンジで10秒ずつ加熱する。
・卵は、湯煎にかけて人肌程度に温める。
・型に敷紙を敷く(p.10のA参照)。
・オーブンに天板を入れ、焼成温度より高い200℃に予熱する。

【作り方】
1　パウンド生地を作る。ボウルにバターを入れ、ゴムべらでよく練る。
2　グラニュー糖を加えて混ぜ、全体がなじんだらハンドミキサーの高速でよく混ぜる(a)。
　●全体が白っぽくなり、ふんわりするまで。
3　卵を4〜5回に分けて加え、そのつどハンドミキサーの中速でよく混ぜる。
4　Aを合わせてふるい入れ、ゴムべらでツヤが出るまでしっかり混ぜる(b)。
5　レモンの皮をおろしながら加えて混ぜる(c)。
　●おろしながら加えると風味がアップ。
6　準備した型に5を入れ、ゴムべらで表面をならす。
　●中央を低く、両端が高くなるように整える(d)。
7　180℃のオーブンで35〜40分(21cmのパウンド型の場合は40〜45分)焼く。網にのせて冷まし、型をはずして敷紙をはがす。
　●焼きはじめて20分ほどたったところで、ナイフで中央に縦に切り込みを入れると焼き上がりがきれいに。
8　レモンアイシングを作る。容器にBを入れ、泡立て器でよく混ぜる。
9　7が完全に冷めたら8を刷毛で全体に塗り(e)、180℃のオーブンに2分ほど入れて乾かし、仕上げ用のレモンの皮を飾る(f)。

キャラメルパウンドケーキ

【材料　長さ21cmのパウンド型1台分】
＊カッコ内に長さ20cmのスリムパウンド型の分量を記載。

〈パウンド生地〉

バター …… 120g(70g)

細目グラニュー糖 …… 105g(60g)

全卵(ほぐす) …… 105g(70g)

A│薄力粉 …… 120g(60g)
　│ベーキングパウダー …… 2g(1g)

キャラメルソース(p.93参照) …… 80g(40g)

【下準備】

・バターは室温に戻す。
　＊かたい場合は、1cm厚さに切ってラップで包み、指がスッと入るくらいのやわらかさになるまで様子を見ながら電子レンジで10秒ずつ加熱する。

・卵は、湯煎にかけて人肌程度に温める。

・型に敷紙を敷く（p.10のA参照）。

・オーブンに天板を入れ、焼成温度より高い200℃に予熱する。

【作り方】

1　パウンド生地を作る。p.70の作り方 1 ～ 4 と同様にする（a）。

2　1 の1/4 ～ 1/3量を別のボウルに入れ、キャラメルソースを加えてゴムべらでよく混ぜる（b）。卵を4 ～ 5回に分けて加え、そのつどハンドミキサーの中速でよく混ぜる。

3　1 のボウルに戻し入れ、ゴムべらで3 ～ 4回ざっくりと混ぜてマーブル模様を入れる（c）。
　●ここで混ぜすぎると断面がマーブル模様にならないので注意。

4　準備した型に 3 を入れ、ゴムべらで表面をならす。
　●中央を低く、両端が高くなるように整える（d）。

5　180℃のオーブンで40 ～ 45分（20cmのスリムパウンド型の場合は35 ～ 40分）焼く。網にのせて冷まし（e）、型をはずして敷紙をはがす。
　●焼きはじめて20分ほどたったところで、ナイフで中央に縦に切り込みを入れると焼き上がりがきれいに。

ギフトに喜ばれる 自慢の焼き菓子

ほうじ茶と抹茶のフィナンシェ

焦がしバターの甘くて香ばしい香りとサクふわの食感が魅力の焼き菓子。
ほうじ茶味と抹茶味を一度に作る、2度おいしいレシピです。

【材料　スリムオーバル型約14個分】

バター …… 100g
A｜卵白 …… 105g
　｜細目グラニュー糖 …… 105g
アーモンドパウダー …… 45g
薄力粉 …… 45g
ほうじ茶パウダー …… 2g
抹茶パウダー …… 2g

【下準備】
・室温に戻したバター適量（分量外）を刷毛で型にたっぷり塗る（*a*）。
・オーブンに天板を入れ、焼成温度より高い220℃に予熱する。

【作り方】

1　鍋にバターを入れて中火にかけ、沸騰して気泡が小さくなり焦げ茶色になったら（*b*）、鍋ごと水につけて冷まし、そのまま40〜45℃に保温する。
　●焦がしバターが完成。一度冷ますことで色止めになる。冷めすぎたら湯煎にかけて保温する。

2　ボウルにAを入れ、泡立て器でよく混ぜる。

3　アーモンドパウダーを加え、泡立て器で全体がなじむまでよく混ぜる。

4　薄力粉をふるい入れ、泡立て器で粉けがなくなるまで混ぜる（*c*）。

5　1の焦がしバターを茶こしでこしながら加え（*d*）、泡立て器で混ぜる。
　●焦がしバターが冷めていたら、湯煎で温め直す。

6　別のボウルに5の半量（目安170〜180g）を入れ、一方にほうじ茶パウダー、もう一方に抹茶パウダーを加えて泡立て器で混ぜる（*e*）。

7　準備した型に6をそれぞれ型の8分目くらいまで流し入れる（*f*）。

8　200℃のオーブンで11〜13分焼き、型からはずして網にのせて冷ます。

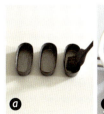     

ギフトに喜ばれる 自慢の焼き菓子

はつみ流ラッピング術

クッキー、パウンドケーキ、フィナンシェなど、焼き菓子のお裾分けやプチギフトに喜ばれるラッピングをご紹介。

＊の商品はcottaの通販サイト（p.96参照）で購入できます。

a

c

b

Pound Cake

Financier

d

e

f

g

a・b・f カットしたパウンド、パウンド1本、フィナンシェをシーラーで密閉できるお菓子専用袋に入れて個包装に。シールや紙帯をつけたり、**e・g** のようなボックスに入れるだけでお店のようなラッピングになります。紙紐やタグで飾るとよりおしゃれに。**c** 窓つきの紙袋に入れてタグを一緒に留め、カジュアルにラッピング。気軽なプチギフトにおすすめです。タグは手作りできますよ。**d** 円形の箱（p.75の1参照）にグラシン紙を敷いて詰めるだけで、特別感が増します。

Cookie Gift

a 細長い缶は入れやすくておすすめ。クッキーのサイズにぴったり合うものを選べばきれいに収まり、横に並べても縦に詰めても映えます。＊プレーン缶 角B-1 15.5×3.6×高さ3.4cm　b 紙箱を使うときは、クッキーを1個ずつお菓子専用袋に入れて密閉。窓つきギフト箱（下記2参照）なら、中身が見えてかわいいです。c シンプルな缶は、そのまま紙紐をかけるだけでおしゃれなラッピングに。葉っぱを添えると洗練された雰囲気になります。d ちょこっとお裾分けするときは、小さいペーパートレイ（下記3参照）に入れて透明袋でラッピング。e クッキー1個を透明袋に入れてリボンをかけるだけで、気持ちの伝わるギフトに。クッキーは湿気やすいので、乾燥剤や乾燥シートを一緒に入れます。

Goods

1 天然素材の温もりを感じる木製ギフト箱。木製ギフト箱 丸 直径140　2 耐油加工で直接お菓子を入れてもOK。サイズもいろいろある。＊cotta 窓付きギフト箱 グレー（150×150×H50mm）　3 クッキーや小さい焼き菓子にぴったりの敷紙とトレイのセット。＊Panibois社 パニムールカップ トンブース、パニムールカップ デュック

Column

シーンを盛り上げるデコアイテム 2

クリスマスとバレンタインギフトには
こちらのアイテムがおすすめです。

＊の商品はcottaの通販サイト（p.96参照）で購入できます。

Christmas

クリスマスケーキは
絞りクリーム以外のデコレーションも
たのしみのひとつ。
ブッシュドノエル以外のケーキも、
サンタさんやオーナメントなどの
アイテムを使えば、
一気にクリスマス仕様に変わります。

8 ゴールドのクリスマスピック。＊ひいらぎピックCDHS-100、金のノエルカード（5個入）　9 メレンゲドール。＊cotta サンタさんとお手伝いくまさん、ダーリンサンタフェイス　10 サンタさんのピック。＊cotta ケーキピック サンタの帽子（10片）、cotta ケーキピック 踊るサンタ（10片）　11 斧のクリスマスオーナメント

Valentine's Day

気持ちを伝えるバレンタインお菓子。
メッセージピックのほかに、
ハート形に抜いたクッキーや
ケーキ生地をのせたり、
吹き出し形のクッキーに
メッセージを入れたり。
オリジナルのアイテムを作って
たのしんでください。

12 メッセージ入りピック。＊中：cotta ケーキピック モノトーン テープ（2柄×5片）　13 ハートの抜き型、クッキーカッター 吹き出し

3

定番にしたい
シンプルおやつ

子どもたちにリクエストされたときや食べたいときに、
さっと作れて絶対おいしいおやつをご紹介します。
パンケーキやマフィン、プリンなどの定番から、
ムースやアイスクリーム、そして豪華（でも簡単）なパフェまで、
大人も子どもも気分が上がるラインアップです。
おうちおやつのローテーションに加えて、毎日たのしんでください。

ムースカップ

泡立てた生クリームを加えた軽やかなムース。
作業は温めて混ぜて冷やすだけ。
好きなカップで手軽に作れます。

ミルクムース

作り方 —— P.80

●アレンジ
2層ムースバリエーション

コーヒー　　いちご　　抹茶

作り方── P.81

定番にしたい シンプルおやつ

ミルクムース

【材料 150mlの容器4～5個分】

A｜卵黄 …… 20g
　｜細目グラニュー糖 …… 50g
　｜牛乳 …… 160g
板ゼラチン …… 5g
生クリーム（乳脂肪分35～40%）
　…… 200g

【下準備】
・板ゼラチンはたっぷりの氷水につけてふやかす。

【作り方】

❶ ボウルにAを入れて泡立て器でよく混ぜる。鍋に移して火にかけ、ゴムべらで混ぜながら加熱し、沸騰したら火を止める。

❷ 準備したゼラチンを水けをきって加え、ゴムべらで混ぜて溶かす。

❸ ボウルに❷をざるでこしながら入れ、氷水に当てて冷ます。

❹ 生クリームをp.18の❶と同様に泡立て、泡立て器で7分立てにする。

❺ ❸に❹を加え、ゴムべらでよく混ぜる。

❻ 容器に流し入れ、冷蔵室で2～3時間冷やしかためる。

コーヒー　　抹茶

いちご

【材料・共通　150mlの容器4～5個分】

A　卵黄 …… 20g
　　細目グラニュー糖 …… 50g
　　牛乳 …… 160g
　　抹茶パウダー、
　　　またはエスプレッソパウダー …… 2g
板ゼラチン …… 5g
生クリーム（乳脂肪分35～40%）…… 200g

【下準備】

・板ゼラチンはたっぷりの氷水につけてふやかす。

【作り方】

1　p.80の作り方❶～❻と同様にする。

【材料　150mlの容器4～5個分】

いちごソース（p.93参照）…… 200g
板ゼラチン …… 6g
生クリーム（乳脂肪分35～40%）…… 150g

【下準備】

・板ゼラチンはたっぷりの
　氷水につけてふやかす。

【作り方】

1　鍋にいちごソースを入れて火にかけ、温まったら火を止める。
2　準備したゼラチンを水けをきって加え、ゴムべらで混ぜて溶かす。
3　ボウルに2をこしながら入れて30℃まで冷まし、湯煎にかけてそのまま保温する。
4　生クリームをp.18の❶と同様に泡立て、泡立て器で7分立てにする。
5　保温した3に4を加え、ゴムべらでよく混ぜる。
6　p.80の❻と同様に冷やしかためる。

◎2層ムースの作り方

1つめのムースを冷やしかためてから、2つ目のムースを作って注ぎ入れ、同様にかためるだけ。好きなトッピングで飾ってください。

定番にしたい シンプルおやつ　81

おうちマフィン
ブルーベリー・チョコチップ

材料を順に混ぜて手軽に焼けるマフィン。
ブルーベリーやチョコチップを加えずプレーンでも。
フィリングを変えるのもおすすめです。

作り方 —— P.84

おうちパンケーキ

おうちおやつの定番、パンケーキを生地から作ります。
手作りだからこそできる甘さ控えめのレシピ。
みんなでトッピングを楽しんでください。

作り方 P.85

おうちマフィン
ブルーベリー・チョコチップ

【材料　直径5.5cmのマフィン型6個分】

〈マフィン生地〉

A ｜ バター …… 60g
　｜ 細目グラニュー糖(好みの砂糖でOK) …… 80g

全卵(ほぐす) …… 60g

牛乳 …… 60g

B ｜ 薄力粉 …… 150g
　｜ ベーキングパウダー …… 3g

ブルーベリー(冷凍、または生)、
　またはチョコチップ …… 70g

【下準備】共通

・バターは室温に戻す。
　＊かたい場合は、1cm厚さに切ってラップで包み、指がスッと入るくらいのやわらかさになるまで様子を見ながら電子レンジで10秒ずつ加熱する。

・卵は湯煎にかけ、人肌程度に温めておく。

・型にグラシンカップを入れる。

・オーブンに天板を入れ、
　焼成温度より高い210℃に予熱する。

(ブルーベリーの場合)

・冷凍ブルーベリーを使う場合は、
　室温において解凍し、水けをしっかり拭き取る。

【作り方】共通

1　p.53の作り方 1～4 と同様にする（a）。

2　ブルーベリー（b）、またはチョコチップを加え、ゴムべらで軽く混ぜる（c）。
　●1カ所にかたまらないように、全体に散らす。冷凍ブルーベリーはつぶれやすいので、混ぜすぎに注意。

3　準備した型に均等に入れる（d）。

4　190℃のオーブンで 25～30分焼き（e）、型をはずして網にのせて冷ます。

おうちパンケーキ

【材料　直径約10cm7〜8枚分】

バター(生地用) …… 20g

A | 薄力粉 …… 200g
　| ベーキングパウダー …… 4g

グラニュー糖(好みの砂糖でOK) …… 60g

B | 全卵(ほぐす) …… 110g
　| 牛乳 …… 110g
　| ＊牛乳の量を調整して合わせて220gにする。

〈トッピング〉

バター(好みで)、メープルシロップ、
　好みのフルーツ …… 各適量

【下準備】

・バターは耐熱容器に入れ、湯煎にかけるか
　電子レンジで30〜40秒加熱して溶かす。

【作り方】

1 ボウルにAを入れ、グラニュー糖を加えて泡立て器でザッと混ぜる（a）。

2 別のボウルにBを入れ、泡立て器でよく混ぜる。

3 1に2を2回に分けて加え（b）、そのつど泡立て器で粉けがなくなるくらいまで混ぜる（c）。
● 多少、ムラがあるくらいでOK。

4 バターを加え（d）、泡立て器で全体がなじむまで混ぜる。

5 フライパンを弱火にかける。焦げつきやすいフライパンの場合は、最初の1回だけバター20g（分量外）を入れて溶かす。

6 4を1/8量落として焼く。表面にボコボコと穴があいてきたらひっくり返し、1〜2分焼いて取り出す。残りも同様に焼く。

7 器に盛り、好みでバターをのせてメープルシロップ、フルーツを添える。

定番にしたい シンプルおやつ

なめらかカスタードプリン

なつかしプリンよりやわらかい、なめらかな舌ざわり。
ほろ苦いカラメルとの相性も抜群です。

【材料　100mlのプリン型7個分】

〈カラメル〉

A｜細目グラニュー糖 …… 50g
　｜水 …… 大さじ1(15g)
　熱湯 …… 大さじ1

〈プリン液〉

B｜全卵(ほぐす) …… 150g
　｜細目グラニュー糖 …… 90g
　牛乳 …… 450g
　バニラビーンズ(あれば) …… 1/3本

【下準備】

・プリン型にサラダ油(分量外)を薄く塗る。
・蒸し焼き用の熱湯を用意する。
・オーブンに天板を入れ、
　焼成温度より高い170℃に予熱する。

【作り方】

1　カラメルを作る。小鍋にAを入れ、中火にかける。好みのカラメル色になったら火を止め、分量の熱湯を加える(a)。
● 色が濃いほどビターな味に。かなり飛び散るので火傷に注意！

2　準備した型に1を均等に流し入れる(b)。

3　プリン液を作る。ボウルにBを入れて泡立て器でよく混ぜる。
● 泡立てると気泡がたくさん入るので、ゆっくりやさしく混ぜる。

4　鍋に牛乳を入れ、バニラビーンズをしごいて種とさやを加え、火にかけて沸騰直前で火を止める。

5　3のボウルに4を加え(c／さやは取り除く)、泡立て器でよく混ぜる。

6　2の型に5を茶こしでこしながら均等に注ぎ入れ(d)、1個ずつアルミホイルでふたをする(e)。
● 気泡が入らないように静かに注ぎ、表面に気泡があったら除く。

7　角型に並べて型の高さの1/3くらいまで準備した熱湯を注ぐ(f)。

8　150℃のオーブンで25〜30分蒸し焼きにする。
● 角型ごと揺すって表面が波打つほど揺れる場合は、様子を見ながらさらに1〜2分焼く。

9　角型から取り出して粗熱をとり、冷蔵室で冷やす。

10　型の縁に沿ってプリンをスプーンで1周押さえ、器をかぶせて逆さにして取り出す。好みでホイップクリームやフルーツ、ハーブ(分量外)を添える。
● 逆さにしたプリン型と器を両手でしっかり持ち、胸の前で円を描くように水平に素早く動かすときれいに取り出せる。

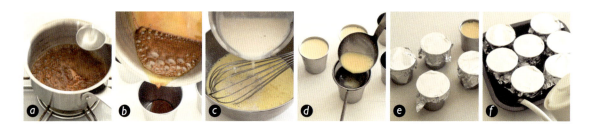

定番にしたい シンプルおやつ

アイスクリーム

泡立てた生クリームで作る
口溶けのいいなめらかなアイス。
基本のバニラに好みのソースを
混ぜるだけで簡単にアレンジできます。

いちご

キャラメル

バニラ

● 基本
バニラ

【材料　500mlの耐冷容器1台分】

A｜卵黄 …… 2個分
　｜細目グラニュー糖 …… 50g
　｜牛乳 …… 15g
　生クリーム（乳脂肪分40〜43％）…… 200g

【作り方】
1 小鍋にAを入れ、泡立て器でよく混ぜてから火にかけ、ゴムべらで混ぜながらとろみがつくまで加熱し、火を止める。
2 ボウルに生クリームを入れ、氷水に当てながらハンドミキサーの低速で6分立てにし、泡立て器で全体を7分立て（p.18参照）にする。
3 2に1を加え、泡立て器でよく混ぜる。
4 耐冷容器に流し入れ、ラップをかけて冷凍室で3時間冷やしかためる。

● アレンジ
キャラメル・いちご

【材料と作り方　500mlの耐冷容器1台分】

バニラの作り方 1〜3 と同様にし、いちごソース（p.93参照）40g、またはキャラメルソース（p.93参照）30gを加え、ゴムべらで2〜3回ざっくり混ぜる（a）。4 と同様に耐冷容器に流し入れ、冷やしかためる。
● ソースを加えてざっくり混ぜることでマーブル状になる。

定番にしたい シンプルおやつ

おうちパフェ

好きなものを自由に盛りつけられるのがおうちパフェの醍醐味。
ロールケーキやクッキーの端っこ、アイスクリームも。
本書でご紹介したお菓子を使ってたのしんでください。

いちごのパフェ

作り方 —— P.92

チョコとマロンのキャラメルパフェ

作り方 P.92

定番にしたい シンプルおやつ

いちごのパフェ

シンプルロールケーキ
作り方 —— P.40

いちごソース
作り方 —— P.93

フロランタンの端っこ

いちごソース

フロランタン
作り方 —— P.67

バニラアイス
作り方 —— P.89

グラスにいちごソースを入れ、切ったいちごと砕いたフロランタンの端っこを盛る。シンプルロールケーキとバニラアイスをのせ、フロランタンを差し込み、いちごとブルーベリーを散らす。最後にいちごソースをかけ、ハーブ（タイム）を飾る。

チョコとマロンのキャラメルパフェ

ガトーショコラ
作り方 —— P.57

モンブランクリーム
作り方 —— P.36

ダブルチョコレートの
クッキー

栗の渋皮煮

キャラメルソース

ダブルチョコレートのクッキー
作り方 —— P.63

栗の渋皮煮

キャラメルソース
作り方 —— P.93

バニラアイス
作り方 —— P.89

グラスにキャラメルソースを入れ、砕いたダブルチョコレートのクッキーと栗の渋皮煮を盛り、ガトーショコラとバニラアイスをのせる。モンブランクリームを絞り、ダブルチョコレートのクッキーを差し込み、栗の渋皮煮とオレンジをのせる。最後にキャラメルソースをかけてハーブ（タイム）を飾る。

あると便利なソース

アイスやヨーグルトにかけたり、マフィンなどの生地に混ぜたり、
幅広く使えるおいしい万能ソースをご紹介。

いちご　キウイ

キャラメル

【材料・共通　作りやすい分量】
いちご、またはキウイフルーツ …… 200g(正味)
細目グラニュー糖 …… 60g

【下準備】
・いちごはヘタを取る。
・キウイは皮をむき、1cm角に切る。

【作り方】共通
1. 鍋にいちご、またはキウイ、グラニュー糖を入れ、中火にかける (a・b)。
2. 果肉をつぶしながら混ぜ、全体がふつふつとしてきたら火を止めてそのまま冷ます。
3. 粗熱がとれたら、フードプロセッサーでなめらかになるまで撹拌する (c)。
● 清潔な瓶に入れ、冷蔵で3～4日保存可能。

【材料　作りやすい分量】
生クリーム(乳脂肪分40～43%) …… 80g
A｜細目グラニュー糖 …… 90g
　｜水 …… 30g

【作り方】
1. 耐熱容器に生クリームを入れ、ラップをかけずに電子レンジで沸騰直前まで50秒ほど温める。
2. 鍋にAを入れ、中火にかける。ふつふつとして鍋の縁から色づいてきたら鍋を揺すり、全体が均一な焦げ茶色になったら火を止める (d)。
3. 2に1を少しずつ加え (e／火傷に注意)、ゴムべらでよく混ぜ (f)、そのまま冷ます。
● 清潔な瓶に入れ、冷蔵で1週間ほど保存可能。

定番にしたい シンプルおやつ

基本の材料

お菓子をよりおいしくする愛用の材料がこちら。
材料選びの参考にどうぞ。

＊の商品はcottaの通販サイト（p.96参照）で購入できます。

◎粉類

1 強力粉…タルト生地に使うと成形しやすく、食感がサクサクに。＊cotta 北海道産強力粉 春よ恋100％ 1kg TS　**2 薄力粉**…2種類を使い分け。スーパーバイオレットはスポンジ生地やロールケーキ生地に。エクリチュールはタルト生地やクッキーなどにおすすめ。＊cotta 薄力粉 スーパーバイオレット 1kg、cotta フランス産小麦100％使用薄力粉 エクリチュール 1kg　**3 アーモンドパウダー**…タルト生地やアーモンドクリーム、クッキーやフィナンシェに使用。＊プレミアムアーモンド皮むきパウダー 1kg　**4 全粒粉**…クッキーに入れると素朴な味わいに。＊cotta 全粒粉 250g　**5 ベーキングパウダー**…生地をふんわり膨らませる必需品。＊cotta オリジナル配合ベーキングパウダー（アルミ不使用）100g

◎糖類・油

6 細目グラニュー糖…お菓子の基本の甘みには、目の細かい製菓用のものを使用。さっと溶けてなじみやすく、メレンゲにもおすすめ。＊cotta 細目グラニュー糖 1kg　**7 粉糖**…パウダー状で素材になじみやすい。仕上げの飾りにも。＊cotta オリゴ糖入り粉糖 1kg　**8 米油**…ロールケーキ生地やシフォン生地に入れてしっとり仕上げる。＊ボーソー油脂 米油 600g

◎乳製品

9 生クリーム…乳脂肪分40〜43％、35〜40％を使い分け。コクがあり泡立ちもいい動物性（パッケージの表記が種類別「クリーム」のもの）のものを使うのがおすすめ。メーカーによって乳脂肪分が異なるので近いものを選ぶ。色が白くてコクのあるものが◎。生クリームではないクリーム（植物性脂質を配合のもの）などで作ると、仕上がりに影響するので注意。中沢乳業 スーパーフレッシュクリーム 43％、フレッシュクリーム36％　**10 バター**…食塩不使用のものを使用。カスタードクリームやクッキーには発酵バターがおすすめ。＊よつ葉バター 食塩不使用 450g、よつ葉 発酵バター 食塩不使用 450g

◎ その他

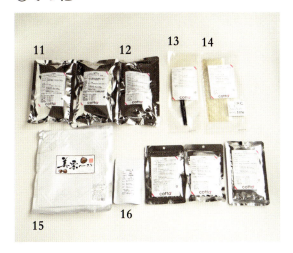

11 チョコレート…ドリップ液などに製菓用のスイートチョコレートとホワイトチョコレートを使用。＊cotta 大東カカオ クーベルチョコレート スイート 300g、cotta 大東カカオ ホワイトチョコレート 300g **12 ココアパウダー**…香り豊かなココア生地に。＊cotta ココアパウダー 200g **13 バニラビーンズ**…ペーストでも代用可。＊cotta バニラビーンズ 2本入 **14 板ゼラチン**…ナパージュやムースに使用。＊cotta リーフゼラチン ゴールド 25g **15 マロンペースト**…モンブランクリームのベースに。＊国産 美栗ペースト 500g **16 フレーバー**…生地やクリームに、抹茶パウダー、いちごパウダー、紅茶の茶葉、エスプレッソパウダーを加えて。＊京都宇治抹茶パウダー 雅 30g、cotta フリーズドライ いちごパウダー 30g、cotta アールグレイ（ブロークン）50g、cotta カフェリーヌ エスプレッソ 30g

とっておきお菓子 Q&A 2

Q. 甘いのが苦手だから砂糖の量を減らしてもよい？

A. 砂糖（グラニュー糖）の役割は、甘さを加えるためだけではありません。卵の泡立ちを安定させる、生地をしっとりさせる、焼き色をつける、また糖度を高くすることでカビや細菌の繁殖を防ぐなど、砂糖の役割はいろいろあります。本書のレシピでは、さまざまな側面からおいしく作れる配合を考えているので、特にケーキ生地や焼き菓子は分量を変えずに作ってください。その分、生クリームに加える糖分は少なめにして、すっきりとした味わいにしています。

Q. 泡立てたホイップクリームが余ったら？

A. デコレーションケーキやロールケーキで残った生地の切れ端につけて食べたり、おやつに活用してください。また、冷凍保存ができるので、分離しないようにしっかり角が立つまで泡立て直し、ラップを敷いたバットの上に絞り、ラップで覆って冷凍室で保存。パフェやプリンの飾り用など、ちょこっと欲しいな、というときに便利です。

Q. 生地の焼き上がりの確認の仕方は？

A. スポンジ生地は、焼きはじめてドーム状にぷっくり膨らんだあと、少し沈んで落ち着いた状態が焼き上がりの目安。生地の中心をそっと押さえ、弾力があって指の跡が残らなければOKです。シフォンケーキは、表面の割れ目にも焼き色がつくまで、ガトーショコラやパウンドケーキは、生地の真ん中に竹串を刺し、ドロッとした生地がついてこなければ焼き上がりです。

Q. 飾りのかわいいハーブは何ですか？

A. 自宅で育てているタイムです！SNSでもよく質問をいただきますが、ホームセンターなどで苗が手に入るので、気軽に育てて使ってください。

築山はつみ

お菓子研究家。国内最大級のお菓子・パン作りのための専門サイト「cotta」のオフィシャルパートナーとして、お菓子レシピの開発＆提供を行っている。3人の子をもつ母であり、子どもも大人も安心して食べられる、とびきりおいしいお菓子を目指してレシピを追求。InstagramやYouTubeでお菓子作りのたのしさを発信している。

Instagram　@honeycafe8
YouTube　@Hatsumi_cake

ブックデザイン／川添 藍
撮影／佐山裕子（主婦の友社）、築山はつみ
スタイリング／綱渕礼子
取材・文／岩越千帆
編集／加藤奈津子
編集デスク／町野慶美
撮影協力／株式会社ｃｏｔｔａ
　　　　　https://www.cotta.jp

本書で紹介している商品は上記通販サイトで購入できます。
商品情報は2024年8月現在のものです。

作る、贈るをたのしむ
とっておきお菓子
2024年10月20日　第1刷発行

著　者　築山はつみ
発行者　大宮敏靖
発行所　株式会社主婦の友社
　　　　〒141-0021
　　　　東京都品川区上大崎3-1-1
　　　　目黒セントラルスクエア
　　　　電話　03-5280-7537
　　　　　（内容・不良品等のお問い合わせ）
　　　　　049-259-1236（販売）
印刷所　株式会社広済堂ネクスト

ⓒHatsumi Tsukiyama 2024　Printed in Japan
ISBN 978-4-07-460227-8

■本のご注文は、お近くの書店または
主婦の友社コールセンター（電話0120-916-892）まで。
＊お問い合わせ受付時間
月～金（祝日を除く）　10:00～16:00
＊個人のお客さまからのよくある質問のご案内
https://shufunotomo.co.jp/faq/

Ⓡ〈日本複製権センター委託出版物〉
本書を無断で複写複製（電子化を含む）することは、著作権法上の例外を除き、禁じられています。本書をコピーされる場合は、事前に公益社団法人日本複製権センター（JRRC）の許諾を受けてください。また本書を代行業者等の第三者に依頼してスキャンやデジタル化することは、たとえ個人や家庭内での利用であっても一切認められておりません。
JRRC〈https://jrrc.or.jp　ｅメール:jrrc_info@jrrc.or.jp
電話:03-6809-1281〉